让孩子们心动的故事

Pass the love

把爱远远传递

燕子 主编

哈尔滨工业大学出版社
HARBIN INSTITUTE OF TECHNOLOGY PRESS

图书在版编目(CIP)数据

把爱远远传递 / 燕子主编. — 哈尔滨：哈尔滨工业大学出版社，2016.1
（让孩子们心动的故事）
ISBN 978-7-5603-5394-4

Ⅰ．①把… Ⅱ．①燕… Ⅲ．①童话 – 作品集 – 世界 Ⅳ．①I18

中国版本图书馆 CIP 数据核字（2015）第 114391 号

让孩子们心动的故事

把爱远远传递

策划编辑	甄淼淼
责任编辑	李长波
文字编辑	葛文婷　苗　青
装帧设计	麦田图文
美术设计	Suvi zhao　蓝图
出版发行	哈尔滨工业大学出版社
社　　址	哈尔滨市南岗区复华四道街 10 号　邮编 150006
传　　真	0451-86414749
网　　址	http://hitpress.hit.edu.cn
印　　刷	牡丹江邮电印务有限公司
开　　本	889mm×1194mm 1/32　印张 5　字数 60 千字
版　　次	2016 年 1 月第 1 版　2016 年 1 月第 1 次印刷
书　　号	ISBN 978-7-5603-5394-4
定　　价	16.80 元

（如因印装质量问题影响阅读，我社负责调换）

前言

嘿,亲爱的你,最近心情怎么样?晴空万里,还是阴云密布?或许你到了有"心事"的年龄了,让我猜猜,都有哪些烦心事呢?

是不是你被家长或者老师说,不合群、不愿与人分享、不爱思考、不愿和人交往、不相信他人、做事情拖拉、不注意安全、不守信用、不自信等。

嘿,别担心,快翻开这本让无数孩子心动的故事书,神奇的魔力会让懒惰变勤奋、说谎变诚实、懦弱变勇敢、哭泣变微笑……

嘿,成长就是这样,笑对生活,学会分享,让烦恼消失,让快乐回来!

- 移动的小木屋 6
- —— 世界上最好的马在哪里 16
- 金姑娘和沥青姑娘 24
- 『亏本』的交易 34
- 『傻瓜』国王 42
- 『一无所有』的王子 52
- 爱的接力 62
- 贝贝安与丽娜 68
- 上帝的报答 76
- 奇妙的旅行 84
- 魔法城堡 92
- 三个小矮人的礼物 102

目录

射向人们心窝的箭
112

原来，这是一场梦
118

公主，你终于输了
126

天上下起了『雨』
134

自私的代价
142

梅格和劳拉
152

contents

移动的小木屋

从前有个木匠,大家叫他"三颗纽扣",为什么这样叫他,他也不记得了,实在是时间太久了,甚至他连自己的名字都忘记了。

三颗纽扣本来居住在一个村子里,可由于这个村里的人们真是太穷了,根本没钱做新家具。

"要我给您做个柜子吗?"三颗纽扣问人家。

"唉,太贵了!"

"那么,做个小箱子或者衣架怎么样?"

"做它干什么呀?箱子里装什么,衣架上挂

什么呢?"

这些穷人的衣服全都穿在身上了。

三颗纽扣只好离开了村子,他想去其他地方看看是否有人需要做家具。

一天,三颗纽扣正巧走到了一片草地。"真是个鬼天气!"乌云密密实实地压了下来,天空中好像盖了一层厚厚的棉被,灰暗极了。

"看来我得赶紧找个地方住下。"三颗纽扣说道。他摸了摸衣兜,可兜里竟是空的。

"这可怎么办,穷人的日子真是不好过。"三颗纽扣自言自语地说。

不过他转念一想:"我愁什么,我不是木匠吗?怎能被这点问题难倒。"

于是他拿起锤子对着木头丁

丁当当敲了起来。

天黑时,一间带有车轮的房子做好了,由于三颗纽扣长得又瘦又小,于是他做了一间很小很小的房子,只能容得下他一个人。不一会儿,风雨大作,噼里啪啦的雨点敲打着屋顶。

"让我进屋吧,我全身湿得像落汤鸡一样!"屋外传来一个老人的声音。

"可怜的人,我的房子实在是太小了,只能容得下我一个人,要是你能进来就进来吧!"三颗纽扣边开门边说。

"容得下一个人,也就能容得下两个人。"一个满脸胡须的老头说着就走进了房子,并躺在地板上睡着了。

雷声越来越响,雨下得越来越大,又有人来敲门了。"请开开门,请开开门!"传来一位女人的声音。

"谁呀?"

"我是一个可怜的寡妇,带着三个孩子,我

们没地方躲避风雨。"

三颗纽扣赶紧打开了门。

"可怜的人,这样的天气真是难为您和您的孩子了。瞧,孩子们的衣服都湿透了。只是我的房子真是太小了,只能容得下两个人。要是你们待得下,我非常欢迎你们进来。"

"容得下两个人,就容得下三个人,我可以把我的孩子放到膝盖上。"女人边说,边领着三个孩子进了房子。

雨仍然不停地下着,三颗纽扣的房子接二连三地不断有人来敲门。

三颗纽扣来者不拒,不知不觉中这间小小的房子已经进来了十二个人……

天亮的时候,雷声依旧隆隆作响,像是在开大炮。

这时门外有人用拳头砸门,大声叫道:"开门!开门!"

"究竟会是谁呢?怎么这样无理,他这样简直就是在下命令!"三颗纽扣的心中充满了疑惑。

三颗纽扣打开门,惊呆了。他看见一个穿着长袍、戴着闪闪发光的王冠的人站在门口,这个人当然是国王了。

"让我的马住进你的房子。"国王吩咐道。

国王进屋后四下里看了看,说:"真是奇怪,从外面看,你的房子简直太小了,怎么能装得下这么多人呢?"

三颗纽扣挠挠头说:"我也弄不明白,国王陛下。"

国王沉思起来,最后说:"看来问题不在于房子小,而在于心。这恐怕就是你用善良之心,容下了全世界的人。"

国王想了想又继续说:"哎,我还自以为自己是个好国王!真没有想到,在我的国家里竟有这么多不幸的人啊?看来我真不是一个称职的好国王。"

就在这时,窗子外面传来一阵汽车喇叭的声音,一位绅士从汽车里走了出来。

原来昨夜的风刮得太大了,天哪,那神奇的小房子居然被刮到路中央去了,还堵塞了交通。

国王第一个走出了房子,看着所有人从小

房子里走出来,国王感叹地说:"这哪里是一座房子,简直就是魔术师变魔术时用的大礼帽。"

这位绅士赶紧走过来,向国王深深地弯腰行礼。

"让这些人都坐进汽车,我骑马走在最后边,我会告诉你在哪里停下的。"国王对绅士说。

汽车一直向前开着,直到进了皇宫,国王才让绅士停下来。

后来三颗纽扣娶了那位寡妇,他给孩子们又做了一间木头房子,装上轮子,跟先前的一模一样。

和爸爸、妈妈一起分享

我和香煜一起读了这个故事,读完后我问她:"香煜,你觉得这个故事如何?"

她不假思索地回答:"我觉得这个故事有趣极了。"

"那你觉得什么地方有趣呢?"我继续追问。

"我觉得三颗纽扣的小房子很神奇,竟然能装得下那么多人。"她说道。

"我亲爱的孩子,那你知道为什么三颗纽扣的房子能装下那么多人吗?"我又问。

她想了半天,说:"不知道。"

我说:"人的心本来很小,房子也很小,可心中有爱,心就变得宽广了,房子也就变得大了。"

香煜似乎听懂了我在说什么,连忙说道:"我也要做一个有爱心的人。"

南京市李香煜妈妈 李富秋

小朋友,关于这个故事你有什么话要说,写到下面吧!

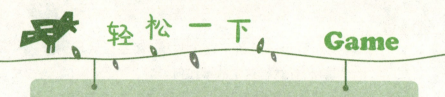

轻松一下 Game

如何培养孩子的爱心

★ 做一个有爱心的父母

父母是孩子的第一任老师,也是对孩子影响最大的人。如果父母不能以身作则,乘车看到老人也不让座,看到别人有困难也无动于衷,那又怎么苛求我们的孩子能够有爱心?虽说"人之初,性本善",孩子生来是有爱心的,然而环境对孩子的影响更重要,如果孩子在家里总是被溺爱,享受着诸多"特权",他又怎么能体会出生活的艰辛,又怎么能磨炼出坚强的意志和友爱的性格。

★ 爱从身边人开始

家长以身作则,孝敬自己的父母,同时也有意识地培养孩子孝敬父母和长辈,从最起码的尊敬开始。让孩子体会父母工作的辛苦,做些力所能及的家务；孝敬爷爷奶奶、外公外婆；尊敬老人，说话有礼貌；尊敬老师；友爱同学；同情弱者等，这些都是爱心的表现。

★多为孩子提供爱的机会

对于小学阶段的孩子来说，家长给孩子提供自己饲养小动物的机会，例如让孩子自己饲养小鱼、小猫、小狗等。孩子是比较喜欢小动物的，照顾小动物可以增强孩子的责任感，也可以让孩子感受到成长的快乐，同时孩子还可以收获付出后的喜悦和幸福。对于城市里的孩子来说，家长可以把孩子带到农村，让他感受大自然的美好，同时也让他体会劳动的辛苦，无论是从身体上还是精神上，对孩子都是很好的锻炼。

世界上最好的马在哪里

从前,有一个磨坊主,他的年龄越来越大了,可他却没有孩子,只有三个徒弟。

一天,磨坊主对他的三个徒弟说:"我累了,只想坐在屋里,烤烤火,磨坊将会属于你们三个中的一个,但条件是他必须给我带回一匹世上最好的马,并给我养老。"三个徒弟听后一起出了门。

这三个徒弟中,小徒弟汉斯最笨。"瞧你笨的,就你,还想得到磨坊,真是妄想!"两个聪明的师兄使劲儿地嘲笑汉斯。

"我真的很笨,磨坊真的能够属于我吗?"汉斯本人也对自己很怀疑。

"要是能甩掉笨汉斯,那真是太好了。"两个聪明的师兄商量道。

到了夜晚,三个徒弟来到山洞过夜。汉斯刚刚睡着,两个聪明的师兄就偷偷地离开了。

第二天清晨,汉斯只好独自一人走进了一片陌生的森林。"世上最好的马在何处,我到底该去哪里找?"汉斯皱起了眉头。

或许要得到一件东西需要的不仅是智慧,更需要一颗善良的心。看来,上帝有意让汉斯得到这件东西,但又必须得考验他一下。上帝哟,你可真是个奇怪的人!好戏在后面,我们接着看吧。

正在汉斯犹豫不决的时候,一只小花猫微笑着朝他走来。

"你好!小花猫。"汉斯朝小花猫打招呼。

"你是?"这只猫竟然会说话。

"我是汉斯。"汉斯答道。

"你好像在发愁?"小花猫问道。

"你怎么知道呢?哎,我想你是帮不到我的。"

"那可未必,说来听听吧。"小花猫舔了舔爪子说道。

"我想要世上最好的马,可我不知它在何处。"汉斯为难地说。

"我可以把世上最好的马给你,但你必须忠诚地为我效力七年!"这位"猫先生"似乎胸有成竹。

"这会是真的吗?我倒要看看。"于是汉斯答应了小花猫的条件。

汉斯和小花猫来到了一座宫殿。

"这是哪

里?"汉斯问。

"这是我的王宫。"小花猫说。

"哇,这里的猫还真是多!"汉斯惊讶地说。

"哎,可怜的我们都中了魔法,只有你可以救我们。"小花猫悲哀地说。

"那我能做点什么呢?"汉斯问。

"你只要按我的吩咐做就好。"小花猫说道。

夜晚,汉斯和小花猫坐下来吃饭。晚餐后,优美的乐曲响了起来,小花猫邀请汉斯跳舞,可汉斯怕出丑,婉言拒绝了。"那就带他下去休息吧。"小花猫命令道。就这样汉斯走进了卧室,在另外几只猫的照料下睡着了。

第二天汉斯醒来,那几只小花猫又来了。他们一只给汉斯穿衣服,一只给汉斯洗脸。"被照顾的感觉真是好啊。"汉斯傻笑着说。但他还必须去伺候那只带他来的小花猫,还得去砍柴。这样的日子,汉斯过了七年。

有一天,汉斯问道:"我可以得到最好的马

了吗?"

"现在还不行,你还得为我做些事。"于是,汉斯按照小花猫的吩咐,盖起了一座小房子。

房子盖好后,小花猫问道:"想不想看看你的马?"

汉斯回答说:"当然想了。"这时小花猫打开了一间房子,里面全是骏马。

小花猫对汉斯说:"你回磨坊去吧,三天之后我会把马给你送去!"于是汉斯回到了磨坊。此时汉斯的两个师兄也牵着马回来了。

三天之后,磨坊果真迎来了一辆陌生的马车。这辆马车真是太漂亮了!看到马车的人都

惊讶极了。这时,一位漂亮的公主从车里走了出来。

公主对汉斯说:"我就是那只小花猫,你解救了我和我的臣民。谢谢你,我愿意做你的妻子。"

公主把一匹世界上最好的马送给了磨坊主。然后她挽着汉斯的手,坐上了马车直奔王宫。公主和汉斯结婚了,从此以后一起过着幸福的生活。

再说说那两个自以为是的师兄吧。由于他们的贪婪和自私,上帝便给了他们一匹瞎马和一匹瘸马,恐怕他们现在还过着贫穷的生活吧。

和爸爸、妈妈一起分享

　　这个故事在蛟洋很小的时候，我曾经给他读过，所以今天当他读到这个故事时，他很激动，说："爸爸，快来看，汉斯，汉斯的故事。"

　　我很奇怪地问道："汉斯是谁？"说实话我真的不记得汉斯是谁了。

　　"你给我读过他的故事的！"蛟洋兴奋地说道。"哦，我想起来了！对，对，汉斯。"其实我还是不知道汉斯是谁。但我对儿子的记忆力很是佩服，同时也让我思考了很多，对于家长来说似乎微不足道的小事，却能让孩子记得如此深刻，最好的教育不是学校，不是老师，而是我们家长，我们一定要以身作则。

　　　　　　　　　　北京市于蛟洋爸爸　于立峰

小朋友，关于这个故事你有什么话要说，写到下面吧！

_____
_____
_____
_____

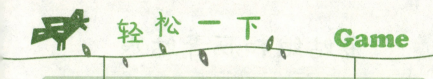

你所不知道的老舍

老舍大家都不陌生,原名舒庆春,另有笔名絜青、鸿来、非我等,字舍予。因为老舍生于阴历立春,父母为他取名"庆春",含有庆贺春来之意。

他是著名的小说家、文学家和戏剧家。他的作品很多,但你一定不知道,他还曾写过一篇科幻故事,名字叫《猫城记》。在国外及中国的港、澳、台这部作品是很有名的。

故事讲的是"我"乘坐的飞往火星的飞机撞到了火星,在那一瞬间发生了爆炸。"我"幸存下来,却被一群长着猫脸的外星人带到火星猫城,开始了艰难的外星生活。"我"亲眼目睹了一场猫人与矮子兵的战争,以猫人全军覆没而结束。

金姑娘和沥青姑娘

从前,有一个寡妇,她有两个女儿,那个既丑陋又懒惰的是她的亲生女儿,而那个既勤快又美丽的则是她的养女。

寡妇也很不理解,为什么上帝不能偏爱一下自己的亲生女儿呢?让她拥有美丽的容貌和勤劳的性格。为什么拥有这一切的偏偏不是自己的亲生女儿?恐怕只有上帝才知道这是为什么吧。

寡妇不喜欢养女,每天让她干许多粗重的活儿。可怜的女孩儿每天必须坐在井边纺线。

一天，美丽的女孩儿坐在井边纺线时，那纤细的手指被纺锤磨出了血。女孩儿心想："要是我的继母看到我弄脏了纺锤，一定会骂我的！瞧，那井里的水干净极了，清洗纺锤简直再合适不过了，感谢您，仁慈的上帝。"

可是当她刚弯下腰，不料纺锤从她手里滑到井里了。女孩儿一路哭着跑回了家，把这件不幸的事告诉了继母，希望继母不要责备她。然而继母不但大骂了她一顿，还逼迫她跳进井里把纺锤捞上来。

女孩儿只好伤心地回到井边，跳进井里，顷刻间，女孩儿竟失去了知觉。

当她醒来时，发现自己正躺在一片草地上，她顺着草地往前走，看见一只烤箱，烤箱里面的面包就要被烤焦了。

面包对女孩儿说："快把我拿出来吧，我就要被烤焦了。"女孩儿拿起面包夹，飞快地把面包一个个取了出来。

随后,她继续向前走,她看见一棵苹果树上的苹果熟透了。

"请快点儿把我摘下来,我就要烂掉了。"苹果急切地对女孩儿说道。于是女孩儿摇了摇苹果树,苹果很快掉了下来,直到一个也不剩,她把地上的苹果摆放好,继续向前走去。

不一会儿,她来到了一座小房子前,这里住着霍勒太太。这位太太长得青面獠牙,看起来吓人极了。

她对女孩儿说:"我会使你交上好运,只要你愿意为我整理床铺,但你一定要把被子抖一抖,直到被子里的每片羽毛都飞起来!"女孩儿同意了,被子里的每一片羽毛果真在女孩儿的手里飞了起来。

"哦,幸运的孩子,你干活真是认真极了。"霍勒太太说道。女孩儿的脸上露出了笑容,霍勒太太高兴地为女孩儿准备好了美味佳肴。就这样,女孩儿在这里快乐地生活着。

　　几个月之后,女孩的心里竟有了些烦恼。原来,她想家了。

　　于是女孩儿对霍勒太太说:"感谢仁慈的上帝,使我有这样的好运!您对我真是好极了!但我仍然忘不了我的家,希望您能允许我回去看一看。"

　　霍勒太太听后,回答说:"你真是可爱极了,多么有爱心的一个孩子,愿你继续交上好运。"

　　说完,霍勒太太牵着女孩儿的手,将她送到大门前。真是幸运的一天啊,只见金币如雨点

般从天空落下,全部贴在了女孩儿的身上,把女孩儿包裹得严严实实的。女孩儿惊呆了。

"你是多么勤劳的一个孩子,这些金币是我给你的报酬。"霍勒太太说,说着又把那个纺锤还给了女孩儿。

忽然,大门砰的一下关上了,满身金币的女孩儿回到了井上面的世界。

美丽的女孩儿刚走进家里的院子,公鸡就喔喔地叫了起来,似乎在说:"咱们漂亮的金姑娘回来了!"

继母和她的女儿看着女孩儿浑身贴满了金币,热情地出来迎接她,她们真是嫉妒极了。

"真没有想到,家里的灰姑娘竟然摇身一变,成了金姑娘。"继母惊奇地说,"你的金币是从哪里来的?"

于是,诚实的金姑娘把在井里发生的事情一一告诉了继母和妹妹,继母羡慕极了,她多希望自己的女儿也能交上这样的好运。于是她动起了歪脑筋,竟然将纺锤故意扔到了井里。

就这样,那个又丑又懒的女孩儿也来到了美丽的草地上。任凭烤箱里的面包冲着她叫喊:"快把我拿出来吧,我就要被烤焦了。"苹果树上的苹果苦苦哀求:"请快点儿把我摘下来,我就要烂掉了。"女孩儿都理也不理地离开了。

女孩儿径直来到霍勒太太的家,请求为她干活。

第一天,女孩儿装着很勤快,无论霍勒太太要她做什么,她都乐意去做。第二天,女孩儿就开始偷懒了。第三天,女孩儿更是不像话,简直什么也不干了,更别说将被子里的羽毛抖得飞起来了。

霍勒太太真是受不了她了,她将女孩儿带到了大门口,说:"你现在就可以回家了!"女孩儿正满心欢喜地等待着金子像雨点一样地降临,然而等来的却是一大锅沥青。

女孩儿浑身上下沾满了沥青,刚回到家,院子里的公鸡看见了,咯咯地叫起来,仿佛在说:"咱们的懒姑娘回来了!"

和爸爸、妈妈一起分享

　　这是一则讲述懒惰与勤快、善良与自私的故事。故事中的两个女孩的性格形成了鲜明的对比，最终我们发现了，拥有勤快、善良的女孩获得了意外的收获，而那个懒惰、自私的女孩除了沥青的惩罚，一无所有。看似一个很简单的童话故事却蕴含着很深的道理。性格决定命运。瑞士著名心理学家和分析心理学的创始人荣格曾经说过："播下一种行动，你将收获一种习惯；播下一种习惯，你将收获一种性格；播下一种性格，你将收获一种命运。"作为我们家长，给予孩子的金钱、物质，哪一个比给予孩子一个好的性格更重要呢？

青岛市邹志豪爸爸　邹世山

小朋友，关于这个故事你有什么话要说，写到下面吧！

_____
_____
_____
_____

轻松一下 Game

格林童话

这个故事是《格林童话》中的一篇。《格林童话》产生于19世纪初,是德国格林兄弟俩收集、整理、加工完成的德国民间文学,以其丰富的想象、优美的语言给孩子们讲述了一个个神奇而浪漫的童话故事。

格林兄弟

格林兄弟出生于德国莱茵河畔的哈瑙,具有很高创造力。哥哥名字叫雅各布·格林,弟弟叫威廉·格林,哥哥语言严谨,弟弟语言优美,他们编写的童话故事最初叫《儿童与家庭童话集》,后来人们命名为《格林童话》。它是世界童话的经典之作,自问世以来,在世界各地影响十分广泛。其中以《灰姑娘》《猫和老鼠交朋友》《三兄弟》《熊皮人》《白雪公主》《小红帽》《睡美人》《青蛙王子》《渔夫和他的妻子》《野狼和七只小羊》《大拇指》等最为著名。

《格林童话》是1812年初次出版，之后多次修订再版，直到1857年出版终版，每个版本都经历了不同程度的修改。《格林童话》受到欧洲其他国家的影响，故事具有许多其他国家的童话风采。

　　《格林童话》不仅具有独特的民族特色，还富于趣味性，认真阅读，对于培养少儿良好性格品质更具有十分积极的意义。

　　《格林童话》对后世的影响并不仅仅在青少年范围内，它曾先后被改编成许多电影，例如：《白雪公主之魔镜魔镜》《沉睡魔咒》《真爱之吻》《白雪公主与猎人》《魔法灰姑娘》《雪魔镜》《魔法奇缘》《灰姑娘的玻璃手机》等。

"亏本"的交易

从前有个可爱的小男孩儿,他的名字叫杰克。杰克的父亲在一次航海途中遭遇海啸,不幸去世了。那时杰克刚刚两岁,从此他与母亲相依为命。

尽管杰克和母亲生活得很贫穷,除了一头名字叫怀特的母牛,他们可能真的就什么都没有了,但他们却过得很幸福。

这个名字叫怀特的母牛可以称得上是杰克唯一的伙伴了,杰克每天都和它玩得很开心。尽管这时杰克还很小,但他却非常懂事。

一天,当杰克和怀特玩得正开心的时候,妈妈走过来。她对杰克说:"亲爱的杰克,我的好孩子,家里最后一点儿面粉已经用完了,我们已经没有什么东西可以吃了,我们不得不将怀特卖掉。"

"妈妈,您知道我有多么舍不得吗?咱们就没有别的一点点办法了吗?"

"是的,亲爱的孩子,我实在是想不出其他的一点儿办法了。"

杰克望着母牛,流下了眼泪,说:"亲爱的伙伴,我真是舍不得你,但除了把你卖掉我们真的没有办法了。"

只听母牛说:"亲爱的杰克,我知道你对我非常好,到了我报答你的时候了,如果卖掉我能使你生活得好些,那就这样做吧,尽管我也舍不得你。"

于是,杰克牵着母牛向集市走去。

杰克和母牛走了很远的一段路。他对母牛

说:"怀特,我想你一定累了,前面有棵树,我们在树下休息一会儿好了。"

"那样简直太好了!"怀特说。

正在这时一个陌生人走到了杰克面前。他看上去有五十左右的年纪,长得又小又矮,身体还有些佝偻,穿着破烂的衣服。

"这会是谁呢?"杰克心想。这个陌生人倒先说话了。

老人说:"嗨,亲爱的孩子,你一定看得出我是多么可怜的一个人,我需要你的牛,但我只有一颗魔豆可以作为给你的报酬,你愿意和我交换吗?"

杰克看见老人可怜的样子,便和他交换了。

杰克带着那颗魔豆回到了家。他对妈妈说:"亲爱的妈妈,我回来了,我把牛卖给了一个可怜的老人,那个老人贫穷极了,只给了我一颗魔豆作为报酬。"说着,他把魔豆拿给妈妈看,他很得意自己的交易并且很确信他的妈妈也会满意。

妈妈看了看却很生气,她说:"杰克,你是多么傻的一个孩子,这个魔豆能有什么用?"然后竟把魔豆扔到窗外,不理杰克了!

那天晚上,月光照进卧室的窗口十分明亮,杰克躺在床上,翻来覆去睡不着。他担心妈妈会一直不理他。而在同时,一个巨大的魔藤正在外面生长。

第二天早上,奇怪的事情发生了。

"天呐,我还没见过长得如此高的豆秧,真是怪事!"妈妈望着窗外的豆秧对杰克说。

杰克对豆秧充满了好奇,心想:"这豆秧一定会给我和妈妈带来好运的。"于是他便顺着豆秧往上爬,越爬越高……

"这颗豆秧真是神奇!看来那位可怜的老人也绝不是一位普通人了,他恐怕是上帝派来考验我的!"杰克心想。

杰克顺着豆秧爬到了天上。

"我究竟是到了哪里,这里真是太美了,我可从来没见过!"杰克心里充满了疑惑。

这时一位美丽的仙子走了出来。她对杰克说:"这里是我的宫殿,我是一位仙子,你究竟是怎么来到这里的?"

"美丽的仙子,是那颗豆秧使我到这里的。"杰克用手指了指豆秧说。

"你既然来到了这里,就是我的客人,瞧你,真是太可爱了,也一定很善良,这些宝贝就送给你了。"

杰克高兴地接过宝贝，和仙子道谢后，就又抓起豆秧向下爬去。

"你这小家伙，别走！留下你的宝贝！"一个大怪物喊道。

杰克当然没有理会怪物，他抱着宝贝飞奔着。怪物在后面紧紧地追赶，杰克害怕极了。正当怪物要追上杰克的时候，或许是怪物太重了，豆秧断了。怪物就这样被摔死了。杰克带着宝贝回了家。

妈妈说："亲爱的杰克，你终于回来了，真是让人着急！"

杰克听后和妈妈紧紧地抱在了一起，说："亲爱的妈妈，您瞧，我这不是回来了吗，还带回了宝贝。"

从此，杰克和妈妈不必再为生活发愁了。

和爸爸、妈妈一起分享

"妈妈,杰克是你们大人眼中的好孩子吧?"天天说。

"为什么这样说呢?"我问他。

天天掰着手指头说:"首先,他很善良,他把奶牛卖给了贫穷的老人,虽然报酬只有一颗魔豆,但他没有嫌弃;其次,他很有礼貌,遇到美丽的仙子,能够温柔地解释自己出现在宫殿的原因;最后,杰克很勇敢、机智,遇到大怪物威胁,没有慌乱,而是冷静地逃走了。"

"说得真好!不过我觉得天天也是好孩子。"

"我哪里好呢?"天天有些不好意思。

我告诉他:"你能够发现别人的优点,这点很好啊!"

深圳市周天妈妈 曹秀英

小朋友,关于这个故事你有什么话要说,写到下面吧!

_____
_____
_____
_____

轻松一下 Game

猜字谜

我们来玩一下猜字谜的游戏,请把谜底写在右边的括号中。

十人打架,八人拉,
六个人上前把门插。　　　(　　　)

摘去手,水来忙,
水儿穿石力量强。　　　(　　　)

一横长又长,大撇横上放,
有个小明月,还在下面藏。　　　(　　　)

一点在横上,口字在中央,
小字真可爱,蹲在口下方。　　　(　　　)

答案:
校 滴 闹 字

"傻瓜"国王

从前有一位公主长得很美丽,可就是不会笑。就连她亲爱的父王,那个人人尊敬的国王都无法使她笑一下。

"笑一笑,亲爱的女儿,你的笑一定很美。"无论国王怎么说,公主就是不为所动。这下可把国王急坏了,于是他对天下人说:"谁能把我亲爱的女儿逗笑,谁就可以娶她为妻。"

有一个被大家称作小傻瓜的男子,听到这一消息便抱着他美丽的金鹅向王宫走去。

这只金鹅是一个老人送给小傻瓜的,因为

一次小傻瓜在森林砍柴时,遇见了老人,正巧老人几天没有吃饭,小傻瓜把妈妈给他带的一块美味的蛋糕和一瓶葡萄酒给了老人。

老人说:"你心肠真好,把午饭都给我吃了,我要好好回报你。那边有一棵老树,去把它砍倒,在树干中你会找到宝物的。"小傻瓜走过去砍倒了那棵树,一只大鹅飞了出来,浑身上下的羽毛都是金的。

小傻瓜抱着金鹅来到一家小旅馆过夜。

旅馆老板有三个女儿,看到这么漂亮的大鹅,都特别好奇。

大女儿想:"如果能拔下它的一根羽毛,那该多好。"于是,她趁小傻瓜不在房间时,偷偷溜进来,没想到她的手刚摸到金鹅的翅膀,便被牢牢地粘住了,怎么也抽不回来。

这时旅馆老板的二女儿走了过来。望着金鹅,她简直惊呆了。

"亲爱的姐姐,你到底怎么了?"她惊奇地

问道。说着她把手伸了过来,也想拔一根羽毛,可她刚一挨着姐姐,也被牢牢地粘住了。

"亲爱的姐姐们,你们站在那里干什么?"旅馆老板的三女儿走了过来。姐姐们喊道:"千万别过来!"可是已经来不及了,三女儿也被粘住了。

第二天,小傻瓜抱起金鹅向王宫走去。他根本没有注意到旅馆老板的三个女儿。不过可难为坏了三个姑娘,她们一路小跑跟在小傻瓜的后面。

路上,一位牧师看到了,说:"真奇怪,三个女孩子怎么跟在一个男孩子的后面跑,到底发生了什么?"牧师刚要抓住旅馆老板的三女儿

问问究竟,不料自己也被粘住了。

就这样,现在已经有七个人被粘住了,他们跟在小傻瓜的后面来到了王宫。

公主一见这七个人寸步不离,连成一串,立刻哈哈大笑起来,笑个没完没了。

"尊敬的国王,公主被我逗笑了,到您兑现承诺的时候了。"小傻瓜望着国王说。国王听后犹豫了,说:"你还得为我办件事,事成之后才可以娶公主。"

"尊敬的国王,到底是什么事情?"

"等你找到一个能喝完一窖葡萄酒的人来王宫,才可以娶公主。"

小傻瓜答应了。他离开了王宫,走着走着,不知不觉来到了经常砍柴的那片森林。

"跳出来,美味的葡萄酒,我真想喝掉你!"

"是谁在说话?"小傻瓜循着声音走过去,竟然是送给他金鹅的那个老人。

"先生,真是没有想到,原来是您啊,您怎

么了？"

老人回答说："我渴得要命，喝什么都不解渴，只想喝美味的葡萄酒。"

小傻瓜走上前对老人说，"我知道一个地方有一窖的葡萄酒，喝不完。"说着，小傻瓜将老人带到了王宫。很快，酒窖里的葡萄酒见了底。

"尊敬的国王，这回我可以娶公主了吗？"小傻瓜问道。

"还不行，王宫里面包多得都堆成了山，等你找到能把堆成山的面包吃完的人才可以娶公主。"

小傻瓜又向森林走去。

这时他看到一个用腰带把身子束得很紧的农夫，一副愁眉苦脸的样子。

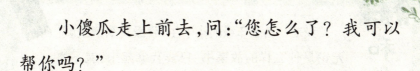

小傻瓜走上前去,问:"您怎么了？我可以帮你吗？"

"我吃了整整一炉黑面包,但我还觉得饿。"

"您一定是饿坏了吧,我知道一个地方有堆成山的面包在等着被享用呢!"说完,小傻瓜和农夫一起来到了王宫。很快面包也被吃完了。

小傻瓜又一次提出娶公主为妻,国王只好答应了小傻瓜的请求。就这样小傻瓜娶了公主为妻,他们幸福地生活着。

后来,国王去世了,小傻瓜当上了国王,人们都叫他傻瓜国王,不过他却将国家治理得井井有条。

和爸爸、妈妈一起分享

我是一名五年级的小学生,我最喜欢读故事,无论是什么样的故事书,只要我拿起来,就不愿意放下。我喜欢故事,因为它能让我很开心,这个故事就是,读着读着我就不自觉地咯咯笑起来,现在笑得我肚子还疼呢!有时候我也会为故事中的人物很难过。故事可以使我获得快乐,获得忧伤,还能帮助我提高语文成绩。

齐齐哈尔市甘南县实验小学小·五(3)
王宇航

小朋友,关于这个故事你有什么话要说,写到下面吧!

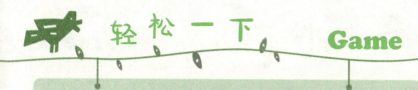

写给家长的一封信

亲爱的家长朋友：

你们好！很荣幸有机会在这里跟各位说说心里话，我也是一位家长，我很感谢我的女儿，她使我的生活发生了很多改变，也让我体会出作为母亲的幸福。我想您也一样。

我们的孩子与我们小时候相比吃得好，穿得好，玩具应有尽有，也许你会由衷地感叹："现在的孩子真是幸福！"事实真是这样吗？我们的孩子真的幸福吗？

我不知道，但我发现现在的孩子缺少笑容，虽然我们那个年代没有这么多物质享受，我们没有牛奶、面包，没有汉堡包，我们有的只是粗茶淡饭；我们没有变形金刚，没有芭比娃娃，我们玩的只是泥巴、丢手绢；我们没有舞蹈课，没有表演课，甚至没有绘画课，有的只是语文、数学和自然；然而我觉得我们生活得特别开心，我们的笑容是那么灿烂。

轻松一下 Game

细心的您是否发现我们的孩子不会笑,他们有时聪明得让人难以相信,这种聪明真不知道是好是坏,有些聪明本不应该属于他们这个年龄的孩子;有时他们冷漠得让人害怕,真不知道这种冷漠是对是错。

他们面对困难,不会想办法,一味等待父母帮助;他们对人冷漠,不愿意与人交往,不愿意和人分享,也不愿意帮助别人;他们对生活冷漠,缺少孩子应有的天真和顽皮。

美国心理学专家琳达·卡姆拉斯近日在第28届国际心理学大会上指出,三周岁美国孩子的微笑要比同龄的中国孩子多55.6%。不会笑不仅仅体现在我的孩子身上,原来我们国家的多数孩子都存在这个问题。不会笑不仅表现在大孩子身上,原来这么小的孩子也如此。在这里我真的很难过,难道我们比美国父母不会爱孩子吗?

恰恰相反,因为我们太爱我们的孩子了,

我们太希望我们的孩子能够出类拔萃了，我们对孩子的期待和标准太高了，我们为孩子考虑得太多了，我们为孩子做得太多了，才使得我们的孩子不再去动脑，不再去思考，不再去锻炼自己，不再去做自己，找不到自己的位置和快乐。

　　在这里，我真心希望我们父母能够多为自己想想，多给孩子些自己做事的机会，多还孩子些快乐，这个快乐本应该就是属于他们的。让我们一起帮助孩子找回他们的童真，找回他们的笑容吧！

一位普通的妈妈
2015年1月12日

"一无所有"的王子

在一座城市的广场中央耸立着一座古代王子的雕像，王子佩戴着一把宝剑，没有眼睛，只有两个黑黑的洞，长得难看极了。在他的脚下还雕塑了一只死去的燕子，人们对这个雕像都很好奇。

"瞧，那个雕像真是难看极了，怎么被放到这里？真是不可思议！"一个路人看见雕像说。

"没见过再比它更难看的雕像了，下面怎么还有一只死燕子？"另一个人附和着。

"听你们这样议论快乐王子，我真为你们

难过！"一个胡子发白的老人走过来说，"如果你们知道那是一个多么动听而美丽的故事，你们就不会这样认为了。"

"什么样动听而美丽的故事，您能讲给我们听一听吗？"路人问道。

于是老人给他们讲起了关于这个雕像的故事。

这个雕像原来叫快乐王子，他以前可不是这样难看，整个雕像被薄薄的黄金叶片包围着，明亮的蓝宝石做成他的双眼，就连王子手中宝剑的剑柄上也嵌着一颗硕大的灿灿发光的红色宝石。

有一天夜里，一只燕子从城市上空飞过，

他的朋友们早在六个星期前就飞往比较温暖的埃及去了,可他却等到了秋天即将结束,因为他太留恋那个美丽无比的芦苇小姐了。他在早春时节遇上芦苇小姐时就爱上了她。

燕子飞了整整一天,夜晚才来到这座城市。

他看到了快乐王子的雕像,觉得世间再也没有比那更漂亮的东西了,于是他便在王子的两脚之间搭了简易的窝,准备过一夜。

就在燕子准备休息的时候,一颗大大的水珠落在了他的身上,燕子很奇怪,心想:"多么晴朗的一个夜晚,怎么可能会下雨,这水滴到底是从哪里来的?"燕子抬头一看,王子的双眼充满了泪水,泪珠顺着他金黄的脸颊流下来。

燕子问道:"尊敬的王子,你究竟怎么了?"

"我这么高高地立在这儿,使我能看见自己城市中所有的丑恶和贫苦,尽管我的心是铅做的,可我还是忍不住要哭。"王子用低缓而悦耳的声音继续说,"远处的一条小街上住着一个

穷女裁缝。一双粗糙发红的手上到处是针眼,正在给缎子衣服绣上西番莲花,在房间角落里的一张床上躺着她的儿子。孩子正在发烧,他的妈妈除了给他喂几口河水外什么也没有。"

燕子听后说:"多么可怜的一家人,要是我们能帮助他们就好了。"

王子说:"要是你愿意的话,就请摘下我剑柄上那颗红宝石给他们送去吧,或许这颗宝石会使他们过得好些。"

燕子有些犹豫了。不过为了使王子快乐起来,燕子只好答应了王子的请求,衔着那颗硕大的红宝石,向女裁缝家飞去。

第二天,月亮升起的时候,燕子飞回来了,他向王子告别。

燕子说:"尊敬的王子,冬天就要来了,我的朋友们都飞去埃及了,如果我还不飞走,恐怕就要被冻死了。"

王子说:"燕子,请你再陪我一晚吧,在城市的那一头,一个留着一头棕色卷发,嘴唇红得像石榴,一双眼睛中充满了朦胧睡意的年轻男子,正在写剧本。壁炉里没有柴火,他的手冻得直哆嗦,没有食物吃,他已经饿得头晕眼花了。请你摘下我右眼上的蓝宝石送给他,好吗?"

"亲爱的王子,"燕子说,"我不能这样做。"燕子说完就哭了起来。但王子仍然苦苦哀求着,这使得燕子不得不接受了王子的请求。

第三天晚上,月亮升起来了,燕子飞了回来,他跟王子告别:"寒冷的冬天就要来了,我必须要去埃及了。"

"燕子,再停一天吧!"王子说,"在下面的广场上,站着一个卖火柴的小女孩儿,她光着脚丫,头上什么也没戴。她的火柴都掉到水沟里了,如果她不带钱回家,她的父亲会打她的,瞧,她正站在那儿哭呢。请把我的另一只眼睛取下来,给她送去吧。"

燕子哭着说:"你会变成瞎子的。"可王子一再请求,燕子只好同意了。于是燕子取下了王子的另一只眼睛,带着它朝下飞去。

燕子回到王子身边,说:"你现在瞎了,我要永远陪着你。"

"不,燕子,"可怜的王子说,"你得到埃及去。"

"我要一直陪着你!"燕子说着就睡在了王子的脚下。

从那以后,燕子整天坐在王子的肩头上,给他讲自己在异国他乡的所见所闻和种种经历。

王子说:"你为我讲了好多稀奇的事情,可是更稀奇的还要算人们所遭受的苦难。"

于是燕子飞过了城市上空,随后他飞了回来,把所见的一切告诉给了王子。

王子说:"把我身上贴的黄金片取下来,给穷人们送去。"燕子将黄金叶子一片一片地啄了下来,又把这些金叶片一一送给了穷人。

没过几天,王子身上的金片就被取光了。

不久,下起了雪,白雪过后又迎来了严寒。可怜的燕子觉得越来越冷了,但是他却不愿离开王子。终于,在一个寒冷的夜晚,燕子躺在王子脚下,冻死了。

王子极度悲伤,心想:"要不是我,恐怕这

会儿你已经在那温暖的埃及了,一定过得快乐极了,哎,竟是我连累了你,可怜的燕子。"

老人终于将王子和燕子的故事讲完了,当人们知道事情的真相后,都频频称赞起王子和燕子,顿时觉得眼前的这个雕像是那么的美丽!

和爸爸、妈妈一起分享

爱，正如标题"和爸爸、妈妈一起分享"的名字一样，爱是需要分享的，每个人不仅仅是爱的承接者，同时也是爱的实施者。爱是相互的，既要体会出爱的温暖，也应该体会到送出爱的幸福。正所谓给予爱，才能得到爱。

威海市聂百硕爸爸　聂士远

现在我们的孩子缺少的正是这种爱，这种热情。每个家庭都只有一个孩子，在家长眼中孩子是掌上明珠，就是一切。拼尽所有为了孩子，给他最好的生活，最好的教育，同时也给他最多的爱。然而这样做，培养的孩子恰恰是自私、自我、冷漠的。

大连市张诗婷爸爸　张树春

小朋友，关于这个故事你有什么话要说，写到下面吧！

_____

_____

_____

_____

轻松一下 Game

阅读连接

这个故事读完了你是否意犹未尽，我知道你一定还想知道有关王子的故事，那就再为你推荐一个故事。法国作家安东尼·德·圣埃克絮佩里的《小王子》也很不错。

安东尼·德·圣埃克絮佩里，名字有些长，聪明的你知道他吗？他被称为"蓝天白云的耕作者"，听他的称号你就能想到，他是一个喜欢冒险的家伙，喜欢自由，喜欢探索。正如这本《小王子》。这本小说写于1942年，是一本短篇小说。

故事主要讲的是，来自外星球的小王子，他是一名飞行员，他来到地球的过程以及在地球上的各种历险故事。这个故事跟安东尼的经历很有关系。安东尼1921~1923年在法国空军服役。他曾经有志于报考海军学院，未能如愿，却有幸成了空军的一员，他还是法国最早的一代飞行员之一。

爱的接力

从前,在山上住着一位勤劳的老婆婆,这位老婆婆栽下一棵枣树。老婆婆非常用心地照顾它,给它捉虫,上肥料。

到了秋天,枣树上结满了像鸽子蛋一样大的、红红的枣子。

一天,老婆婆进城去了。忽然,天空中刮起了大风,紧接着就下起了瓢泼大雨,树上的枣被风吹落了一地。

傍晚,雨才停住,一只小刺猬走到枣树下面,看到满地的枣子,他开心极了,就打了个

滚,想带着一身枣子回家去。

这时飞来一只喜鹊,喜鹊问小刺猬:"枣子是谁给你的?"小刺猬说:"是在地上捡的。你也去捡几个吧。这枣子不错,我们可以吃好长时间呢。"

小喜鹊说:"枣树是老婆婆辛辛苦苦栽的,她不在家的时候,你怎么能把枣子拿走呢?"

小刺猬不好意思极了,他使劲抖了几下,把枣子抖在了地上。

"真是可惜,你瞧,这些枣子不是叫雨水冲走,就是给泡坏了。老婆婆回来看见了,该有多伤心啊!"小喜鹊说。

"也不知道老婆婆什么时候能回来,我们究竟该做点什么呢?"小刺猬问道。

"你瞧,地上的枣子多极了,不如我们就把它们捡起来,送进老婆婆的屋里吧?"小喜鹊说道。

"好的,那我们就开始吧。"小刺猬高兴地说。

小喜鹊飞到窗台上,用尖尖的嘴巴啄破了窗纸。小刺猬也来了,只见他背上沾满了枣子。小喜鹊把小刺猬运过来的枣子一颗一颗地从窗户破了的小洞丢进去。

一直到天黑的时候,他们才把所有的枣子运完。他俩真是太累了,就到那边大石头上去休息一下。

过了好久,老婆婆回来了。

"天啊,我的枣子都不见了,一定是被风吹掉,被雨水冲跑了,真是太可惜了。"老婆婆心想。可当老婆婆打开门时,刚

踏进屋去,满地的枣子,把她滑倒了。她高兴地看了又看,摸了又摸。

她爬起来走出门去,向周围看了看,一个人也没有。

"真是幸运,我的枣子一颗也不少,会是谁做的呢?真是太感谢了。"老婆婆自言自语地说。

这话正巧被小喜鹊和小刺猬听到了,他们别提有多开心了。

和爸爸、妈妈一起分享

"读完这个故事,你要跟我分享点什么呢?祥瑞同学。"我调侃地问儿子。

"我不知道。"祥瑞说。

"祥瑞喜欢这个故事吗?"我继续问。

"喜欢,因为我喜欢小刺猬。"

"小刺猬身上有好多刺的,你不担心它会刺到你的手吗?"

"我又不打它,它就不会刺到我了!"

"哦,是这么回事啊,你的意思是说你要保护小刺猬了?"

"恩!"

"祥瑞真是一个有爱心的孩子,知道爱护小动物。因为小动物是我们的朋友,对吧?"

"对,小动物是我们的朋友。像我和悍悍一样,都是好朋友。"祥瑞高兴地说。

读了这个故事,我原以为可以让孩子体会到人应该有爱心,相互帮助,然而孩子理解出的却是爱护小动物,这个也不错。孩子的想象力真的比我们大人丰富多了,想象是不应该受限制的,这样才是孩子。

齐齐哈尔市燕祥瑞妈妈　李云霞

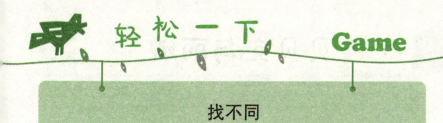

找不同

下面两幅图中有6处不同,请把它们圈出来。

贝贝安与丽娜

有个女孩儿叫贝贝安,从小妈妈生病离开了她。妈妈去世不久,爸爸就给她娶了继母。

继母是个坏心肠的女人,她从未叫贝贝安手里的活停下来过,即便这样,她仍对贝贝安又是打,又是骂。而继母的亲生女儿丽娜总是穿着漂亮的衣服什么活也不干。

贝贝安实在受不了了,她逃走了。

一天,贝贝安逃到了猫国。国王猫老爹对她说:"如果你答应精心照顾我的猫,我就让你留下。"

"只要能让我留下来,我愿意做任何事情。"贝贝安回答。

就这样,贝贝安就在猫国住了下来。

贝贝安特别勤快,她精心地照料猫儿们的寝食,还定期给猫儿们洗澡,很快就和猫儿们成了朋友。

一天,贝贝安想家了,她向猫老爹告别。猫老爹把贝贝安领到地窖里,说:"这儿有两个水缸,其中一个装满了油,而另一个则装满了金水,贝贝安,你得在其中一个缸里洗一下。"

贝贝安听后说:"就让我在油缸里洗一下好了。"

猫老爹说:"那可不行,这油缸里的油就好似污垢,粘在身上就洗不掉了,你对猫儿们那么好,这样对你不公。"说着,他一把抓起贝贝安,把她扔进了金水缸。

被金水洗过的贝贝安一下子就变了样。只见她穿着金衣服和水晶鞋,口袋里还装满了金

币。猫老爹嘱咐她说:"路上听到鸡叫就向它转过脸来。"

"喔喔喔……"在回家的路上,贝贝安果真听到了鸡叫,她向鸡转过脸去,突然贝贝安的额头上出现了一颗金星。

贝贝安回到家里,将自己的奇遇告诉了继母和丽娜。她们听后又是羡慕,又是嫉妒,丽娜将贝贝安口袋里的金币翻了出来,又去脱贝贝安的金衣服,取贝贝安额头的金星,可是无论她用多大的力气就是拿不下来金衣服和金星。

一天,一个王子路过贝贝安家,他看到贝贝安正在做针线活,"真是一个既勤快又美丽的女孩儿。"王子心想。

"这样的女孩儿就该得到幸福!"王子说道。

于是王子拿出一捧美丽的鲜花,对贝贝安说:"美丽的女孩儿你叫什么名字?"

"我叫贝贝安。"

只见王子单腿跪在地上,将鲜花献给贝贝安,说:"贝贝安小姐,你是否愿意成为我的新娘?如果你愿意,过几天我就来迎娶你。"

贝贝脸上微微露出了笑容。王子立刻动身回王宫了。

丽娜眼红得要命。"亲爱的妈妈,您瞧,贝贝安都交上了好运,可我却什么都没有,我也想嫁给王子。"丽娜说。

"要不你也去猫国碰碰运气?"妈妈说。

于是,丽娜很快动身去了猫国。但这个懒姑娘对猫儿们很不友好,不是打它们,就是让它们饿着肚子,这使得猫儿们都很讨厌她。

"你还是回去吧,你这个讨厌的小姑娘。"猫老爹望着丽娜说,"不过在你回去之前,你也要到缸中洗一洗。"猫老爹说着把丽娜领到了地窖里。

猫老爹继续说:"瞧,在你面前摆着两口缸,一口缸里装的是金水,一口缸里装的是油,你选择一个吧。"

"那我就选金水缸好了。"丽娜说道。

"这可不行,我觉得那口油缸对你来说再合适不过了。"说着猫老爹就将丽娜扔进了油缸。

丽娜差点儿没被淹死,临走时,猫老爹沉着脸说:"路上听到驴叫,千万不要回头。"

在回家的路上,丽娜听见后面有驴叫,她忘记猫老爹的嘱咐了,向它转过脸去。不料,她的额头上立刻长出一条驴尾巴。丽娜觉得难看极了,她低着头飞快地跑回家。她足足洗了两天,才把身上的油污洗干净,可那条驴尾巴却怎么也拿不下来了。

几天后王子来迎亲了,新娘头披红盖头上了马车。当车队路过猫国时,猫儿们叫起来:"快掀开盖头,她不是你的新娘!"

王子掀开盖头,结果发现,新娘竟是头上长着驴尾巴的丽娜。王子很生气,立刻命车队原路返回,这一次才接到了真正的新娘贝贝安。

和爸爸、妈妈一起分享

很熟悉的一个故事,但我不知道它的作者是谁?我曾查过资料,遗憾的是没有查到。我很佩服作者的聪明和智慧以及丰富的想象力。不知道他是一个怎么样的人,但我知道能够给孩子带来快乐,为孩子编写美好故事的人,一定是一个很了不起的人。

最近发现儿子也十分喜欢写作。看到他练笔时写出的小故事,真是妙趣横生,有趣极了。

对于他的爱好,我举双手表示支持,每次他写完文章,我都是第一个读者。也许哪天,我家就要诞生一名小作家了呢。

唐山市郑钰勋爸爸　郑忠良

小朋友,关于这个故事你有什么话要说,写到下面吧!

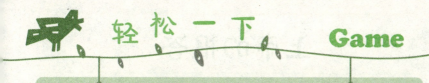

有趣的"大"字三兄弟

据说大字家族有三兄弟,而且是三胞胎,于是就起名为一大、二大和三大。大字家族与顿号家族是邻居,顿号家族有姐妹俩,这姐妹俩都看中了大字三兄弟,可是大字三兄弟总是不理她们。

有一天,机会真的来了,大字三兄弟正肩并肩路过顿号家时,顿号两姐妹就急忙跑出来。三兄弟一看,不妙,正要逃走,顿号姐妹俩马上跑过来,一个紧紧抱住一大不放,并粘到一大的下边,变成了太。一个爬到二大右上角,变成了犬。三大总算跑得快,甩开了顿号姐妹,可三大一不小心,掉入了河里,三大最怕水,就觉得眼睛模糊不清,也不知道发生了什么。然而等到被救上来的时候,三大发现自己变了样子,上面的"一"字变成了腿,来到了"人"的下面,自己长相变成了"个"。

从那以后大字家族的三胞胎都变成了新形象,分别为太、犬、个。

上帝的报答

据说很久以前上帝特别喜欢到人间,和人们打交道。

一天,上帝穿上再普通不过的衣服,胸前别着十字架,装扮成老人的样子,又来到了人间。天黑了,他还没找到住的地方,

这时他发现前面有两栋房子面对面地竖立在路的两边:一栋大而漂亮,另一栋小而破旧,大的属于一个富人,小的属于一个穷人。"看来我住在这栋富有的房子中是不会给主人增加负担的。"上帝想。

于是上帝敲了那栋大而漂亮房子的门,富人将门打开了一个小缝儿,透过小缝儿,上帝看见他穿着华丽的衣服,上帝对他说:"哦,您好,天色实在太晚了,我是否可以在您家住一晚?"

富人上下打量了一番上帝的衣着打扮,心想:"这个老头穿得这么普通,估计对我也不会有什么帮助。"于是,他说:"真是太不巧了,我的屋子里堆满了草药和种子,我实在不能给您提供什么帮助,您还是往前走吧,或许前面有适合您的地方。"说完,他砰的一声将门关上了。

上帝离开了富人家,走到对面的小房子前敲门。刚刚敲了门,屋子的男主人将门打开了,只见他身上的衣服很破旧但却很干净,男子问:"您好,您有什么需要帮助的吗?"上帝说:"我从这里路过,天已经黑了,我想在您家借宿一晚。"男子听后热情地把上帝请进了屋。

正在这时,只见一个女子端出刚从火炉里取出的土豆和新鲜的羊奶。她对上帝说:"您真是太幸运了,我们正要吃晚饭,您知道我们好久没吃过这么像样的晚饭了,您就和我们一起吃吧。"

男子说:"这是我的妻子,虽然我们没有美味的饭菜,但请您别和我们客气,就像在自己家里一样。"上帝很感动,和他们一起共进了晚餐。

第二天,上帝又和他们一起吃了早餐,然后准备起程赶路了。在临走时,上帝答应满足夫妇三个愿望,可夫妇只希望自己的房子不再漏雨,于是上帝便送给他们一栋新的房子。

富人起床

后,看见路对面破旧的小房子变成了崭新的大房子,感到很奇怪,急忙去穷人家问怎么回事。当他知道事情的真相后,骑着马飞奔去追上帝。

这次富人见到上帝后,一改傲慢的神情,他首先礼貌地向上帝道了歉:"我昨天真是担心家里屋子太小,不合您意,希望您能够原谅我。"上帝说原谅了他。富人又恳求上帝满足他三个愿望,上帝告诉他:"你回家吧,我会实现你三个愿望的。"

富人高兴地骑马回家了。路上,突然马的缰绳断了,马开始乱蹦乱跳。富人生气地吼道:"你这样不听使唤,我真希望摔断你的脖子!"话音刚落,马就倒在地上死了。就这样,他的第一个愿望实现了。富人只好卸下马鞍扛在肩上,向家的方向走去。

转眼到了中午,太阳火辣辣的,富人想到老婆待在凉爽的屋子里,不由自主地说:"我被太阳晒得够呛,她却在屋里待得那样舒坦,我真希望她坐在这马鞍上，永远下不来，省得我一路上扛着它。"突然马鞍没了，他知道第二个愿望也实现了。

他急忙向家里跑去，谁知道等他到了家，打开房门，他看见妻子坐在马鞍上又哭又闹，富人便不得不许愿让妻子从马鞍上下来，他的三个愿望都实现了。

最终，富人除了损失了一匹马以外一无所获，而那对善良的穷人夫妇却一直快乐、幸福地生活着。

和爸爸、妈妈一起分享

　　世界是需要爱的,人和人之间相处是需要互相帮助的,当别人遇到困难时,我们应该伸出双手给予他帮助。你别忘了拿花送给别人时,首先闻到花香的是我们自己;送人玫瑰手留余香。我自认为我是一个善良的人,每当我看到路边行乞的老人时我都忍不住会给他点钱,有时在一旁的朋友会劝我说"他们都是装的,有的比你都有钱。"我只是笑一笑,我觉得即使真的是装的,这么大年纪了也很不容易,谁也不情愿做这样的事,也许他是没有办法。我也会这样教育我的孩子,人有一颗善良的心总是好的。

重庆市王浚西爸爸　王朝龙

小朋友,关于这个故事你有什么话要说,写到下面吧!

轻松一下 Game

"枇杷"非"琵琶"

中国的汉字丰富,寓意很多,也闹出很多笑话。下面我们就看一个笑话。

从前,有个富贵人家的子弟,他从小就不喜欢读书,而且非常懒惰。在他成年的时候娶了一位妻子,这位妻子贤惠、知书达理。

有一天,妻子对他说:"我想吃枇杷了。"这个富家子回答:"这个简单啊!"说完他就大笔一挥,写了几个字,然后交给仆人,让仆人去买枇杷。妻子好奇纸上写的是什么,拿过来一看,忍不住大笑起来,原来上面写的是"买琵琶五斤"。五个字写错了两个,将"枇杷"误写成"琵琶"。他妻子看过后,在后面写了一首打油诗:

枇杷并非此琵琶,
只怪当年识字差。
倘若琵琶能结果,
满城箫鼓尽飞花。

我来问，你来猜，看谁答得又快又好。

1. 小强吃得很少，可是今天他却胃口大开，一下子吃了20只牛，请问这是为什么？
2. 小明从3000米高的山上跳伞，却久久都不见他落地，为什么？
3. 琪琪过5岁生日啦，可为什么要点6支蜡烛呢？
4. 谁需要天天往医院跑呢？
5. 妈妈给小张每天2元零花钱，可他这个月的零花钱，妈妈给他的最少，为什么？

答案：1. 他吃的不是奶牛、肉牛，而是蜗牛。
2. 他乘着降落伞上树了。
3. 那晚停电，那只蜡烛是用来照明的。
4. 医生每天要上班了。
5. 这个月是二月份。

奇妙的旅行

"听说,森林里新建了许多旅游景点,那一定很美,亲爱的小伙伴们,一起去看看吧。"白兔小姐说道。

"那太好了,森林里应该很漂亮才对。"松鼠小姐高兴地说。

这时黄牛太太说话了,"我也该活动一下我的身子了,去欣赏一下美景才行。"

"既然你们都去,那一定不要丢下我。"猫女士急切地说道。

"也还有我。"咦,这又是谁呢?原来是獾

太太。

说完,这些小动物便一起朝着森林中走去。他们左看看、右望望,时而跑,时而跳,兴奋地玩耍了一整天。

"真是太累了,不如我们找地方休息一下。"松鼠小姐疲倦地说。

于是这些小动物一起来到了小象旅馆,大家都很累了,在大厅等待安排房间时,大家竟然都睡着了。猫女士还打起呼噜来,大家知道后,谁都不愿意跟她住一个房间,只有黄牛女士同意跟她一起住。

第二天,天刚亮,旅馆的大厅里就热闹起来。松鼠小姐哭哭啼啼地说:"老鼠竟把我的脚指头咬出血了。"

小白兔没精打采地说:"我几乎一晚都没睡

好,老鼠竟在房间里开起了联欢会!"

獾太太皱着眉头说:"可恶的老鼠,竟吃光了我的干粮。"

只有黄牛太太精神最好,她说:"哎呀,我睡得好极了。我这才知道,猫女士白天睡觉打呼噜,晚上她一夜没睡,忙着捉老鼠,猫女士真是辛苦呀,瞧,这是多么有爱心的猫女士。"黄牛女士说完,大家都对猫女士刮目相看了。

这天晚上，小动物们都抢着和猫女士一起睡。这下可把猫女士给忙坏了，她上半夜在松鼠小姐的房间里，下半夜守候在獾太太的房间里。

这一夜，她一共捉住了20多只老鼠，几乎把旅馆里的老鼠抓得精光，简直就是小动物们的守护神。

猫女士过的生活还真是和其他小动物们不同，起初她的呼噜使得大家对她产生了误解，可到了后来，谁都离不开她了。

看来，上帝创造的万物是有一定道理的，或许只是有的长处还未被发现罢了。

整个旅馆里的客人，都睡得那么香甜。由于大家昨天晚上都没睡好，这一夜，大家都打起了呼噜。

这究竟会是一个什么样的夜晚呢？或许这是个吵闹的夜晚！尽管这可能是个吵闹的夜晚，但在这里休息的小动物们却是幸福的，恐怕到了这一刻小动物们都做起了美梦。

他们究竟会梦到什么？你猜得到吗？"绿油油的草地，我来了，美味的胡萝卜请你等等我。"这恐怕就是白兔小姐的梦了。

那么松鼠小姐呢，她又会梦到些什么？松鼠小姐恐怕会在树上跳跃着，以此来彰显她那矫健的身姿，又或是正在给自己精心打扮。

那两位美丽的太太究竟又会梦到些什么呢？她们的梦也一定很美。聪明的你就请发挥一下你的想象力吧。

白天，当大家出去游玩的时候，猫女士总是留在酒店里打呼噜。虽然整个旅游期间猫女士参加的游玩很少，但她却是最快乐的人，因为

小动物们都非常喜欢她。

聪明的你猜得到这其中的缘故吗？我想你一定猜得到。

小动物们的这次旅行真是很快乐，这样的旅行你可曾有过？如果有的话，那你真是幸运极了，如果没有的话，那可就有些遗憾了。人生何尝不是一场奇异的旅行，只是不知你究竟愿意在这场旅行中成为怎样的一个人。

和爸爸、妈妈一起分享

阅读随时可以进行

　　我是无意中看见妈妈群里分享的这个故事，大家都在给孩子阅读，并且写了感受，我也加入其中了。我的文笔很差，所以没好意思在群里分享我的感受。但我喜欢这样的读书方式，我也愿意加入其中。这样好的经典故事对孩子来说，无论对于提高阅读能力还是陶冶情操，都是很受益的。同时，家长也有重温经典的阅读机会，与孩子一起阅读，还可以沟通感情。

天津市任赫妈妈　张立坤

小朋友，关于这个故事你有什么话要说，写到下面吧！

_____

_____

_____

_____

轻松一下 Game

猫捉老鼠

请你按照"米老鼠"的顺序走,就会找到出口了。

入口
▼

米	老	鼠	人	师	假	米	饭
粒	师	米	老	鼠	署	老	鼠
活	生	老	署	米	老	朋	米
动	乡	家	老	米	鼠	友	老
鼠	老	米	鼠	旗	老	鼠	标
米	饭	鼠	疫	花	乡	玉	石
老	鼠	米	面	生	鼠	米	老
师	生	老	鼠	米	老	粒	鼠

▼
出口

魔法城堡

从前,有三位王子,大王子和二王子既聪明又帅气,小王子却又矮又难看,他们都厌倦了王宫里悠闲舒适的生活,决定去外面的世界看一看。

有一天,他们来到一个蚂蚁洞穴前,看见洞里有很多蚂蚁,大王子说:"要是把蚁穴挖开,看着这些小精灵们四处乱跑,一定很有趣。"小王子急忙上前阻止了大王子。

三个王子继续向前走,看见一群蜜蜂正在酿蜜,二王子说:"你们瞧,那里有那么多蜂蜜呢,只要用火把蜜蜂烧死,那些蜂蜜就归我们了。"小王子又急忙阻止了二王子。

他们继续走,来到了一个湖边。湖面上有几只可爱的鸭子在游水,大王子和二王子想捉几只烤着吃。小王子说:"让这些鸭子过平静的生活吧,他们不愿意被烤死!"三个王子继续向前走着。

一天,他们来到了一座城市里,他们走进王宫看见马栏里站着许多石马,所有的人都躺在地上睡觉。三个王子穿过大厅,看见了一扇门,门上挂着三把锁,门中间有一个小窗户,从

窗户里可以看到屋子里的东西。三个王子在城堡中找了很久,终于找到了一位白发老人。

大王子问:"这座城堡究竟发生了什么事?"

老人说:"可怜的孩子,你们可能还不知道,这座城堡中了魔法。"

"真是太可怕了,有什么解救的办法吗?"二王子问道。

"办法倒是有,不过你们得做到三件事:第一件是找出苔藓下的一千颗珍珠;第二件是从湖里找出公主卧房的钥匙;第三件是从三个熟睡的公主中,找出最小的公主。如果做不到这三件事就会被变成大理石。"老人回答说。

三个王子听后,非常着急。

可老人却说:"我想你们一定是饿了,这里还有一些东西,就请你们吃下吧。"

三个王子吃完,老人又说:"我想你们一定累了,这里有间房子,就请你们进去休息吧。"

三个王子听后便走进去休息了。

第二天,天刚刚亮,三个王子就出了门,分头去寻找珍珠。

大王子和二王子找了一整天,两个人找的加起来还不到一百颗。天黑时,他们变成了石头。

小王子找了很久,只找到了二十颗,眼看天就要黑了,他坐在一块石头上,伤心地哭了起来。

"尊敬的王子,我想你一定是遇到了什么困

难,或许我可以帮你。"被小王子解救过的蚂蚁爬来了,问道。

"那就请你帮我把一千颗珍珠找到吧。"蚂蚁家族开了会。"多么善良的王子,我们一定要帮他。"

说着,这些蚂蚁爬呀爬,很快就把一千颗珍珠找到了。他们把珍珠堆成一堆。在月光的照射下,珍珠闪闪发光,就像一座银山似的。

接下来,王子又来到湖边找钥匙。"这湖水可真深,钥匙——让我怎能找到你。"

这时鸭子游了过来。"尊敬的王子,请你别愁,或许我可以帮你。"说着鸭子便将嘴巴伸到湖底,把钥匙捞了出来。

老人说的三件事,小王子已完成了两件,看来这座城堡很快就可以摆脱魔法的控制了。

老人对小王子说:"你做得简直太棒了,如果第三件事你能做到的话,这座城堡就可以恢复到原来的样子了。"

"第三件事看起来有些难度,我真不知道如何找出最小的公主。"小王子为难地说。

老人说:"据我所知,最小的公主在中魔法前,吃了满满一勺蜂蜜。"说完老人就离开了,任凭小王子怎么呼喊,老人头也不回。

可是,三个公主长得一样,到底该如何判断呢?

这可难坏小王子了,正在他发愁的时候,一只美丽的蜜蜂飞来了。"尊敬的王子,请你别愁,蜂蜜的味道我最清楚,只要让我在三个公主的嘴上闻一闻,我就会知道哪位是最小的公主。"

过了一会儿,蜜蜂在其中一个公主旁停了

下来。"看来这就是最小的公主了。"王子欣喜地说道。

　　终于,魔法被解除了,所有人都从睡梦中醒来了,那些被变成石头的动物和两个王子也恢复了原来的样子。小公主知道是小王子救了她和整个城堡,决定嫁给他。另外两位公主嫁给了小王子的两个哥哥。他们过着幸福的生活。

和爸爸、妈妈一起分享

　　这个故事真的很不错，无论是孩子还是大人，多读点这样的故事都是有好处的。多读些善良的故事，多接触些善良的人，多做点令人温暖的事。人之初，性本善。善良是人性中最温暖、最美丽、最让人感动的。我们除了给予孩子生命，还要教导孩子做人的道理和美好的品质，至少我是这样做的，我认为家长应该以身作则，做好榜样。只有这样，我们的孩子才会拥有美好的思想和未来。

哈尔滨市张子炀爸爸　　张云广

小朋友，关于这个故事你有什么话要说，写到下面吧！

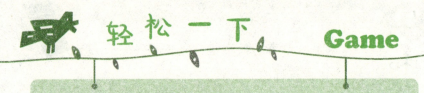

关于善良的名人名言

雨果
善良的心就是太阳。

莎士比亚
一颗好心抵得过黄金。

培根
利人的品德我认为就是善。

莎士比亚
善良的心地,就是黄金。

曾子
人而好善,福虽未至,祸其远矣。

卢梭
善良的行为使人的灵魂变得高尚。

刘备
勿以恶小而为之,勿以善小而不为!

高尔基
做一个善良的人,为人类去谋幸福。

罗曼·罗兰

善不是一种学问,而是一种行为。

卢梭

慈善的行为比金钱更能解除别人的痛苦。

马丁·路德

昧着良心做事是不安全、不明智的。

莎士比亚

质朴却比巧妙的言辞更能打动我的心。

米列

越是善良的人,越察觉不出别人的居心不良。

泰戈尔

出来吧,我的心,带着你的爱去与它相会。

德谟克利特

一个人必须要么做个好人,要么仿效好人。

列夫·托尔斯泰

没有单纯、善良和真实,就没有伟大。

三个小矮人的礼物

这个女人没了丈夫,这个男人没了妻子,有一天,他们结了婚。他们各有一个女儿。这两个女孩儿一个长得很漂亮,一个长得很丑陋。

"要是我的女儿长得有她一半漂亮那简直太好了,可事实偏偏不是如此!上帝呀,你真会作弄人!"女人非常嫉妒继女的美貌。

开始的时候,女人对继女还不错,可是慢慢的她越来越看不上继女了,甚至处处为难她。

冬日的一天,女人用纸做了件衣服,把继

女叫过来,说:"听着,你穿上这件衣服,到森林里去给我采一篮草莓,我很想吃。"

"天哪!这可是冬天啊,"女孩儿说,"怎么会有草莓呢?地上都结了冰,大雪把一切都盖住了。如果我穿着这件纸衣服出去会被冻死的,外面冷得连呼出的气都能冻起来。"

"你还敢顶嘴?"继母说,"你快给我去!要是没有采到一篮草莓,你就别想回来!"然后她又给姑娘一小块硬梆梆的面包。

女孩儿只好穿上纸衣服挎着篮子出门了,她向森林走去。

"咦,这里竟然会有房子,一定很暖和,如果我能进去烤烤火就好了!"小女孩心想。

这时,小房子的门开了,三个小矮人把女孩儿请进了屋子。

女孩儿向他们问好,然后走到火炉旁坐下吃起了那又黑又干的面包。小矮人们说:"也分给我们一点儿吧。"

"好的,遇到你们,我真是幸运!"说着女孩儿就将面包分成了两半,将一半给了小矮人。

"这么冷的天,你为什么穿着纸衣服跑到森林里来呢?"小矮人问道。

"我的继母想吃草莓,如果采不到草莓,我就回不了家了。"女孩儿说。

小矮人听完,怜惜地说:"真是个可怜的孩子,你一定是太善良了!"

"美丽的女孩儿,你愿意帮我们一个忙吗?"小矮人问道。

"当然愿意了。"

等女孩儿吃完面包后,小矮人们递给她一把扫帚,说:"去帮我们把后门的雪扫干净吧。

看着女孩儿出去了,三个小矮人商量起来:"她这么可爱,我们送她什么好呢?""我愿她越来越美丽。"第一个小矮人说。"我愿她嘴里吐出金子。"第二个小矮人说。"那我就祝愿她成为王后。"第三个小矮人说。

女孩儿拿起扫帚扫了几下,看到白雪中透着红:"咦,这是什么?是新鲜的草莓!"小女孩高兴极了,她和小矮人们告了别,带着草莓回家了。

"她竟然回来了,还带回了草莓,真是意外。"继母心想。

女孩儿回到家,把自己在森林里遇到的事情讲了出来,而且每讲一句,嘴里就吐出来一块金子,继母的女儿看了嫉妒得要命。"看来我还得再想一个别的办法。"继母心想。

"去河里把这堆线团给我洗干净了。"她命令道。

"天哪,此刻河里结着冰呢!"女孩儿心想,但女孩儿还是独自一人来到了冰面上。

正巧国王带着侍卫从这里经过。"尊敬的国

王,您瞧,远处有一个美丽的女孩儿。"侍卫说道。

"去看看。"国王命令道。见到这个美丽的女孩儿,国王真是又惊又喜,他说:"美丽的女孩儿,天这么冷,你一个人在这儿做什么?"女孩儿听后回答道:"尊敬的国王,我的继母总是为难我,如果我不把这些线团洗干净就回不了家了。"女孩儿每说一句话吐出一块金子。国王和侍卫看到都很奇怪。

"真是可怜,你愿意跟我走吗?"国王问。

"如果能离开这里,那真是太好了!"

说完,国王便把女孩儿带回了王宫,和她举行了隆重的婚礼。女孩儿当上了王后,不久还生了个儿子。

再说说继母那个丑陋的女儿吧,她看到女孩儿交上了好运,嫉妒得要命,也吵着要到森林里去摘草莓。于是继母给女儿缝了件皮袄,又给她带上抹了黄油的面包和蛋糕。

可当小矮人们向她要点儿面包和蛋糕,请她帮助打扫门后的雪时,她都拒绝了。小矮人们很生气,于是一个小矮人说:"真希望她长得越来越丑,说话时从她嘴里跳出一只癞蛤蟆!"于女孩儿每讲一句话,嘴里就跳出来一只癞蛤蟆。

一天,丑陋的女孩儿对她的妈妈说:"亲爱的妈妈,听说,王后现在过得可好了,不如我们也去看看。"

"那就去吧,亲爱的女儿。"恶毒的继母带着她丑陋的女儿很快便来到了王宫。趁着国王不在,她们把王后扔进了大河里。可怜的王后变成了一只鸭子。

一天晚上,当鸭子来王宫看望儿子时遇到了国王,鸭子对国王说:"我是您美丽的妻子,只要您用宝剑在我头顶挥舞几下,我就会变回原来的样子。"

国王拿来宝剑挥舞了几下,果然美丽的王后出现在他眼前。国王狠狠地惩罚了心肠恶毒的继母和她的女儿。

从此以后,继母和她的女儿再也不敢欺负王后了,王后和国王以及他们的儿子一起过着幸福的生活。

和爸爸、妈妈一起分享

生活中我们总避免不了会遇到各式各样的人，他们或许让你尴尬，或许让你沮丧，或许让你感到痛苦，然而我想告诉你要学会宽容，宽容是胸襟博大者为人处世的一种人生态度。生活中也难免会遇到这样那样的困难，它们或许让你跌倒，或许让你承受失败，或许让你付出代价；然而我想对你说，不能失去信心，困难和挫折只是暂时的，只要在困难面前挺直腰板，再坚持一下，我相信一定会有转机的。小女孩用她的故事给出了最好的答案。

上海市朱心怡爸爸　朱更海

小朋友，关于这个故事你有什么话要说，写到下面吧！

_____

_____

_____

轻松一下 Game

笑谈"木"家族

★ 趣味解读：

"木"是象形字。在甲骨文中像树木形状。上为枝叶，下为树根，所以木的本义正是树木。现在"木"是汉字的一个部首。带木字旁的字大多数表示树木或木器的名称。

★ 木的家族：

儿子"林"，从这个字的结构你就能感觉到，这是树木丛生，繁衍生息的意思，是个会意字。

孙子"森"仍然是个会意字，从这个字的结构你也可以看出，仍然是木的后代，从林从木，树木丛生繁密。

★ **家族史记：**

木，冒也。冒地而生。东方之行，从草，下象其根。——《说文》

林，平土有丛木曰林。——《说文》

森，木多貌。——《说文》

★ **"木"字经典成语：**

草木皆兵：把山上的草木都当作敌兵。形容人在惊慌时疑神疑鬼。

呆若木鸡：呆指傻，发愣的样子。呆得像木头鸡一样。形容因恐惧或惊异而发愣的样子。

木已成舟：树木已经做成了船。比喻事情已成定局，无法改变。

朽木不雕：朽坏的木头无法雕刻。比喻人不上进，无法成材。

一草一木：比喻极微小的东西。

射向人们心窝的箭

你可曾见过这样一个孩子？

他留着长长的金色卷发，手里拿着一支弓箭，高兴了便把箭射到人的心窝里。

这会是谁呢？这孩子真是顽皮极了！这恐怕就是人们常说的爱神丘比特了。

一天，外面刮起了可怕的风暴，雨一直下着，风使得穷人家的窗户发出声响。

一个善良的老人在屋里烤火，这屋里很温暖，这位老人的生活也很幸福！

忽然传来一阵敲门声："请把门打开，这雨

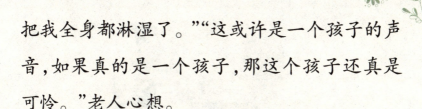

把我全身都淋湿了。""这或许是一个孩子的声音,如果真的是一个孩子,那这个孩子还真是可怜。"老人心想。

老人打开门,你猜他看到了什么?

门口竟站着这样的一个小孩子。究竟是怎样的孩子,你倒是快点说呀,真是让人着急。这个小孩子竟没有穿衣服。

望着孩子,老人心疼极了,说道:"外面下了很大的雨,你竟然没有穿衣服,一定很冷!你这个可怜的小家伙!快进屋来!"

雨水从孩子那长长的金发上滚落下来。

瞧,这孩子长得多像个小天使:两颗明亮的眼睛,一头金色的卷发,手里竟还拿着一把漂亮的弓,但是雨水已经把它弄坏了。

"可怜的孩子,快到炉边烤烤火,喝杯甜酒吧。"老人把孩子领到了炉子边。

不一会儿,孩子就恢复过来了,他围着老人跳起舞来。

"瞧,这是一个多么快乐的孩子!"老人说道。

"你叫什么名字?"

"我叫丘比特。"他回答说。

"你没有见过我的弓吗?"丘比特问道。

"可惜了你的弓,竟被雨水淋坏了!"老人对此很是惋惜。

"我想这一定不碍事。"丘比特信心满满地说道。

"老先生,您瞧我的弓有什么问题吗?"

说着,丘比特竟拉起弓向老人的心中射去。然后他大笑着跑掉了。老人躺在地上,哭起来了:"嗨,真是一个顽皮的孩子!我要告诉所

有的好孩子们,不要跟他一起玩耍。"

所有的孩子知道后都对丘比特有了戒心,可还是被他骗过了。当大学生听完课走出来的时候,丘比特穿着一件黑上衣,腋下夹着一本书,冒充大学生,然后偷偷地把箭射进大学生们的心里去。大学生们便相爱了,校园里便多了一段段有趣的故事。

孩子们,如果你们不相信的话,可以去问你们亲爱的父母,或许真的能听到一段浪漫的故事呢!

你想想看,有一次丘比特居然把一支箭射进老祖母的心里去啦,不过这是很久以前的事了。现在你知道他是一个多么顽皮的孩子了吧?

和爸爸、妈妈一起分享

读完这个故事,我的儿子果真来问我:"妈妈,这个故事是真的吗?"

"不是真实的,这是一个童话故事。"

"丘比特,好像没那么坏。"

"丘比特只是一个比喻,象征着爱情。"

"就是像爸爸和妈妈一样的爱情。"

"理解很正确,现在你还有点小,但你可以知道爱情是很美好的,长大后就会拥有它。"

"我现在也拥有,爸爸、妈妈都很爱我。"

"是的,爸爸、妈妈很爱你,也希望你能一样地爱我们。"

孩子,作为一位母亲,妈妈一直觉得自己是多么的幸运和骄傲啊!妈妈也一直心怀感恩,感恩上苍把这样一个近乎完美的你送给了我。

哈尔滨市刘子铭妈妈　高文君

小朋友,关于这个故事你有什么话要说,写到下面吧!

_____

_____

_____

轻松一下　Game

趣味链接

要是我告诉你丘比特看起来像极了一个顽童,你会相信吗?我想你一定会觉得好奇,会问我为什么要这样说。你要知道,我这样说是有缘故的。

丘比特长着一对小翅膀,披着一头金发,脸上的皮肤又白又嫩,常常在拉弓射箭,更使人惊奇的是他长得和小孩子一般高。噢,原来是这样,那他看来还真是像极了一个顽童。

据说,他是和宇宙一同诞生的,因为他看起来十分顽皮,宇宙便做了他的父亲,爱与美的女神维纳斯对他十分偏爱,因而很愿意做他的母亲。他的箭要是射到了青年男女的心窝里,他们便会擦出爱情的火花。

在奥林匹斯山众多的神中,最使人无奈的便是丘比特了,他看起来笑嘻嘻的,对拉弓射箭有着特别的喜爱,这使得一幕幕爱情悲喜剧迭出。

原来,这是一场梦

这家的男人早已不知去了何处,只剩下一个可怜的女人带着两个年幼的孩子。男孩名叫杜克,女孩名叫古斯塔乌。

这天妈妈对杜克说道:"亲爱的杜克,我不得不出去一下,古斯塔乌就拜托给你照顾了。"

小杜克听后说道:"亲爱的妈妈,请您放心吧,我一定会照顾好她的。"

瞧,这是多么懂事的一个孩子,小小年纪,就会照顾别人了。

可爱的古斯塔乌就这样躺在了小杜克的

怀里,小杜克时而为她哼着歌,时而翻动手中的地理书沙沙作响。

这孩子真是认真极了。这一幕真叫人心酸。天就要黑了,小杜克清楚地知道妈妈连一根蜡烛也买不起,于是他只好趁着天还没有完全黑下来抓紧时间看起书来。

这时他们亲爱的妈妈回来了,把古斯塔乌抱了起来。

"看那个洗衣服的老妇人,她连路都走不动了,还要去井里提水。真是太可怜了!杜克,你去帮帮她吧!"正在朝窗外望的妈妈说。

小杜克听后只好放下手中的地理书,从家里跑出去,很快就帮老妇人提了一桶水。

这时,天已经完全黑了。小杜克只好无奈地上床了。他把那本地

理书放在枕头底下,希望这样能够对自己有所帮助。

令人意想不到的是,奇迹竟真的发生了。那到底是发生了怎样的奇迹呢?我想你一定会问?看来你是真的喜欢这个故事,那就请你仔细地听我说好了。

到底发生了怎样的奇迹呢?小杜克似乎做了一场梦。那到底是怎样的梦呢,想来这梦一定是神奇极了。

小杜克躺在床上半睡半醒间,好像听见那个洗衣服的老妇人温和地对他说:"就让我来帮助你吧!"

这时,小杜克枕头底下的那本地理书竟然窸窸窣窣地翻动起来。

一只老母鸡跑来了,她告诉小杜克,梅格这个小镇上有多少居民,打过一次什么仗。老母鸡刚说完,一只木雕的雀子也叫了起来,他说:"你可能不知道吧,我们布列斯托镇的居民,就跟我身上的钉子一样多。并且,雕塑家多瓦尔生就住在我们镇的附近。"

"真是神奇,我这是在哪?"杜克惊奇地问道。这时一位衣着华丽的骑士将杜克抱到了马上。马一路飞奔着,他们很快就来到了古老的伏尔丁堡城。

"你瞧,这里多么热闹!"骑士说。"那个跳舞的是谁?"杜克问道。"是尊敬的国王瓦尔得马尔和他漂亮的宫女们。"

骑士继续说道:"你瞧,宫殿上耸立着许多高塔,灯光从窗子里射出来,像一只只明亮的眼睛。不过当太阳升起来的时候,整个城市和王宫就会沉下去,就连那些高塔也会消失在人们的视线里。"

真是不知道究竟过去了多久,太阳出来了,地面上似乎什么也看不到了,看来那位骑士说的竟然都是真的!

小杜克似乎还沉浸在那热闹的、古老的伏尔丁堡城的氛围之中,心中满是疑惑。这时,他似乎听见有人在和他说话。这个说话的人究竟会是谁呢?他一定是要告诉杜克他想要知道但还未知的东西。就让我带你去看看吧。

这个说话的人是一位水手。只听他说道:"我代表柯苏尔向你致敬。"紧接着一座美丽的老教堂出现在了小杜克的眼前。瞧,它的顶上有两个高高的尖塔。走到泉水边,你将会看到一位年老的国王。

这究竟是一位怎样的国王,你一定会问。这就是"泉水边的赫洛尔王",据说罗斯吉尔得镇就是他亲手建立起来的,这个镇一度是丹麦的首都，丹麦的许多国王和王后都安葬在那座美丽的老教堂里。

忽然，眼前的一切都不见了。接着，又像变戏法似的，变出来一位

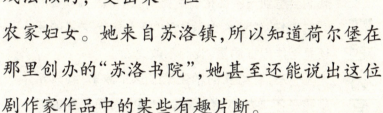

农家妇女。她来自苏洛镇，所以知道荷尔堡在那里创办的"苏洛书院"，她甚至还能说出这位剧作家作品中的某些有趣片断。

小杜克早晨醒来时，一点也不记得他做的这场奇怪的梦了。他跳下床，捧起那本地理书，马上就理解了里面全部的知识。这时，那个洗衣服的老妇人从门口伸进头来，对小杜克亲切地说："谢谢你，好孩子！愿你美梦成真！"

你们相信这位洗衣服的老妇人是位普通人吗？我可不信，我倒觉得她像一位术士，是小杜克的爱心打动了她，于是她便施魔法，让小杜克做了一场神奇的梦，这就是小杜克的故事了。

和爸爸、妈妈一起分享

爱上阅读，爱上书

在我们这个信息爆炸的时代，越来越多的人选择快餐式阅读，也叫"浅阅读"，所谓浅阅读就是阅读不需要思考而采取跳跃式的阅读方法，所谓囫囵吞枣、一目十行、不求甚解，它所追求的是短暂的视觉快感和心理的愉悦。

每每坐地铁、乘公交时，甚至买东西排队时，我们会看到大家都忙着刷微薄，聊微信，看八卦，浏览论坛，这些人也被称为"低头族"，这样的阅读是否能保证质量，我们不敢说。

一天，我给我的学生读了这个故事，我只希望孩子不要加入这"低头族"中，而把更多的时间花在阅读一本好书上，让他们通过读书来丰富知识，增长见识，让生活过得更充实、更有意义。高尔基说："书是人类进步的阶梯。"我真心希望我的学生能够真正愿意花时间和精力在一本能够净化心灵、提升生活质量的书上。

鸡西市初中语文老师　曹庆文

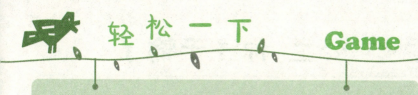

轻松一下　Game

"马虎"的来历

相传宋朝时,有个画家,他绘画技术很高,但他有个坏毛病,喜欢喝酒,并且一喝酒就会闹出好多笑话。

一次,这个画家喝醉酒后,受人之托画老虎,他刚画好虎头,另一个朋友又来请他画马,他就随手在虎头后画上了马的身子。朋友不满意,就没要这幅画。这个画家便将画挂在厅堂。大儿子看见了问他画里是什么,他说是虎,小儿子问他画里是什么,他却说是马。

大儿子外出打猎时,把人家的马当老虎射死了,画家不得不给马主赔钱。他的小儿子外出碰上老虎,却以为是马想去骑,结果被老虎活活咬死了。画家悲痛万分,把画烧了。从此,"马虎"这个词就流传开了。

马虎:形容某人办事草率或粗心大意,或者做事不认真。

公主,你终于输了

这是个发生在很久以前的故事。在公主生活的宫殿里,有十二扇窗户,从窗户向外看,一扇比一扇清楚,到最后一扇时,天上地下的一切都能看见。

这位公主很傲慢,对天下的人说:"我看得见这个王国里的一切,如果谁能藏起来让我找不到,我就嫁给他。"

来尝试的人很多,可结果竟没有一个能成功。

不久,一个英俊的年轻人,来到宫殿里想

试试运气。"尊敬的公主,请给我一些时间思考,并且请给我三次机会。"年轻人恳求道。

"当然可以。"公主爽快地答应了,心想:"即便给你三次机会,你也一定会失败的。"

年轻人想了很久,也没想出一个好的办法。于是,他干脆带上猎枪到森林中去打猎了。

他刚到森林,看见一只乌鸦从远处飞来,正要开枪,乌鸦叫道:"别开枪,我会报答你的!"他放下了猎枪,继续往前走。

不久年轻人便来到了湖边,一条鱼跃上水面,他又举枪瞄准,鱼儿叫道:"别开枪,我会报答你的!"年轻人没有开枪。

后来年轻人又遇到了一只跛脚的狐狸,也放走了他。

第二天,年轻人还是想不出藏身之处。他走进森林来到乌鸦跟前,说:"我让你活了命,现在你告诉我,我该躲到什么地方,公主才看不见我呢?"

乌鸦想了好久，最后从窝里掏出了一个蛋，把蛋壳分成两半，让年轻人钻进去，然后把蛋壳缝合如初，他自己坐在上面。

公主从第一扇窗户走到第十扇窗户，都没有看见年轻人，她不安起来。但当她走到第十一扇窗前时，发现了年轻人。

年轻人又来到湖边，把鱼儿招到身边，说："我放过你，请你告诉我，躲在哪里公主才看不见。"

鱼儿想了一会儿，说："请你藏到我的肚子里。"说完，鱼儿就把年轻人吞进了肚子，游到了湖底。

公主从每扇窗户里往外看，即使在第十一扇窗户也看不见年轻人，不过当公主来到最后一扇

窗户前时,看见了鱼肚子里的年轻人。

年轻人垂头丧气地来到了郊外,正巧遇到了狐狸。

"聪明的狐狸,您有什么高招让我躲过公主的眼睛吗?拜托您想想,好吗?"年轻人恳求道。

"那好吧,看在你曾经没杀我的份上,我就帮你一次。"

说着,狐狸把年轻人领到泉水旁,自己跳进了泉水里,变成了一个专营皮货的商人。狐狸让年轻人也跳了进去,年轻人变成了一只小海兔。

狐狸变成的商人拿着小海兔来到集市上叫卖,很快便吸引了一大群人。

"真热闹,我们也看看去。"说完,公主便带着侍女朝着叫卖的商人的方向走去。

"这是什么?"公主问道。

"尊敬的公主,这是小海兔。"

"这只小海兔真可爱,我非常喜欢。"公

主说道。

"那就请你把他买走吧。"

就这样商人把小海兔卖给了公主。商人在把海兔交给公主前,对小海兔说:"公主走到第十二扇窗户时,你要藏到她的辫子里。"

现在轮到公主来找年轻人了,即使在第十二扇窗子里公主也没有看见年轻人,这下公主变得惊恐不安起来。只见她愤怒万分,猛地将窗户关上,结果窗户上的玻璃被震得变成了碎片,甚至整个城堡都感觉到了这个震动。

公主气得转过身来，揪起自己的辫子，正巧与小海兔碰了个满怀。她一把抓起小海兔扔在了地上，小海兔对公主说："我就是那个年轻人。"

"怎么可能？你这个讨厌的海兔竟敢骗我？"

"不信，请随我来！"

海兔把公主带到了那个泉水边，只听"扑通"一声海兔跳了下去，瞬间变成了年轻人。

公主只好认输了，并遵守了承诺和年轻人结了婚。

和爸爸、妈妈一起分享

让孩子在游戏中收获成就感

　　俊博在家喜欢玩捉迷藏的游戏，有时候他藏到柜子里，有时候钻到整理箱里，然后让我来找他。我也装着没找到，俊博就会很高兴。对于一个6岁的孩子来说，捉迷藏能够给他带来很多快乐，同时也可以获得没被找到的胜利感。我是一个很开明的家长，愿意陪孩子一起玩，甚至说一起疯，不吝惜把家里弄乱。但我也会叮嘱他只有家长在的时候才能这么做，否则是不可以的。在和孩子相处的过程中，我最大的感触就是孩子不是教育出来的，是培养，是熏陶，是在快乐中成长、进步的。

北京市刘俊博妈妈　李雪华

小朋友，关于这个故事你有什么话要说，写到下面吧！

走暗号迷宫

年轻人是怎样躲过公主的？答案就藏在下面的文字中，我相信你能找到的。

我	告	诉	她	我	藏	起	来	肚	子	主	面
先	藏	到	的	狐	狸	来	起	鱼	里	公	见
是	跳	辫	子	玩	帮	助	藏	到	游	户	看
藏	到	泉	里	起	忙	把	我	湖	底	窗	帘
蛋	海	水	玩	捉	碌	打	开	第	十	扇	窗
壳	里	里	变	迷	藏	你	门	一	二	扇	户
来	游	泳	成	一	到	当	躲	个	门	窗	了
边	湖	走	逃	只	海	兔	过	我	时	子	跑
藏	起	逃	我	帮	鬼	主	公	藏	发	现	逃
乌	来	跑	主	公	里	子	肚	到	你	窗	户
鸦	了	到	要	主	蛋	里	来	藏	辫	子	外
飞	走	家	是	发	现	藏	后	辫	子	里	了

答案：我先告诉她我要回家躲起来一只海兔乐忙打开第十二扇窗户时发现你逃走了

天上下起了"雨"

有一个小姑娘她没有父母,没有亲人,没有朋友,她独自一个人生活在这个世界上。

她除了头上的帽子、身上的衣服以及手里的一小块面包,什么也没有了,就是那块面包也是个好心人送的。如果说她还拥有点儿什么,那恐怕只有一颗善良的心了。

一天,可怜的姑娘在野外散步。她遇到了一个穷人。

穷人说:"美丽的姑娘,你手里的面包一定很美味,遇到你我真是幸运!"

"你一定是饿了,那就请你拿去吧。"说着,小姑娘就把面包给了穷人。

穷人吃着面包,高兴极了,然而这个可怜的小姑娘,却只能饿着肚子了。

小姑娘继续向前走着,她看见一个可爱的小男孩儿正在哭泣。

"这个可爱的小弟弟怎么哭了,或许是因为觉得冷了吧?"小姑娘心想。

于是小姑娘取下自己的帽子给小男孩儿戴上了,说:"愿这顶帽子能给你带来温暖!"

小男孩儿不再哭泣了,他高兴得跳着、跑着,一会儿就消失在小姑娘的视线中了。

善良的小姑娘继续向前走着,她又看到了穷人,更确切地说是两个冻得可怜的孩子。

"真是个冷天,真是太冷了。"其中一个可怜孩子说道。

"哎,你说得一点儿也不错,这天真是太冷了,你们穿得真是太少了,这样下去会被冻坏的!真是好可怜啊!"小姑娘说。

"我身上还穿着罩衫和褂子,可以送给他们的。"小姑娘暗暗地想,"可是脱了它们,我也可能被冻坏的。"

"可是,可是我要是不帮助他们,他们……"想着想着善良的小姑娘便把自己的罩衫和褂子送给了这两个穷苦人家的孩子。

两个孩子穿上了衣服,向小姑娘道了谢,跑回家了。因为这时太阳已经落山了,天就要黑了。

"鸟儿早已回到它的巢儿,牛羊也都回到它们的家,可怜的我,竟是一个人。"女孩自言自语地说。

小姑娘自己已经没有了面包、帽子和罩衫,真是冻得要命。天越来越黑了,小姑娘仍然不想回家,因为她的家里也比外面暖和不了多少,她继续朝着森林中走去。

正这时,她又看见了一个小女孩儿,冻得

说不出话来。

"愿这件汗衫能帮你遮住寒冷。"

小姑娘心想:"哎,那又能怎么办,我真是不忍心呐。"善良的小姑娘打算把身上最后的一件衣服也送人。

就在小姑娘即将脱衣服的一瞬间,奇迹发生了。下雨了,下雨了,亮晶晶的银币如雨点般从天边滑落。

这还不算完呢。还有什么?一件亚麻做的衣服披在了小姑娘的身上。小姑娘开心极了,

她把银元捡起装在兜里,从此过着幸福的生活。

原来小姑娘的所作所为都被上帝看到了,上帝被小姑娘的善良深深地感动了,于是上帝决定帮助她和所有善良的孩子。

培养专注力可以从故事开始

最近老师反映我家明书上课不认真,专注力差。我很是头疼,不知道应该怎么去改变他。我上网查了些关于提升专注力的资料。先选择孩子感兴趣的事情,来培养专注力。我就是从这个角度开始的,明书很喜欢听故事,但不喜欢自己读。每天我都要拿出半个小时给她读故事,她比较喜欢听跟女孩有关的故事,我就选择一些描写女孩子的故事,每次读的时候,我先营造一个安静的环境,然后绘声绘色地读,我发现她听得很投入,慢慢的,我试着让她和我一起读,在后来就逐渐变成她自己读了,时间是半个小时,至少这半个小时,她都坐在那里读故事。一个月过后,我发现明书做事情专注多了。我还会继续坚持下去,也会将这种专注力体现在其他事情上。

哈尔滨市李明书妈妈　万杰

小朋友,关于这个故事你有什么话要说,写到下面吧!

_____
_____
_____
_____

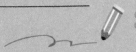

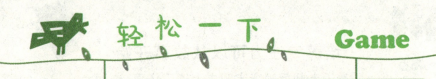

轻松一下 Game

孩子成长中家长应该做点什么

★ **给孩子的时间再多点**

孩子是掌上明珠，孩子是家长眼中的宝贝，家长对孩子的呵护和爱胜过一切。他们给孩子好吃的，好玩的，不惜花费昂贵的学费去最好的学校，让孩子受到更好的教育。然而，有多少家长舍得金钱，却舍不得时间，每天忙着工作、忙着生意、忙着应酬，他们会说还不是为了孩子。可是却忘了孩子真正需要的是什么。孩子需要的是父母的陪伴，父母的支持，只有这样他们在成长的道路上才会那么从容自若。

★ **静下心来听听孩子说什么**

有的家长总是抱怨，孩子越来越大了，也就越来越不听话了，其实不然，是你没有给孩子机会，没有真正认真听孩子在说什么。教育孩子,是建立在最起码的尊敬基础上的,不要忘记上行下效。所以我希望家长能够静下心来,好好听听孩子内心的话语,听听孩子到底需要的是什么。

★成长是艰辛的,也是快乐的

孩子从呱呱坠地,到长大成人,是一个漫长的过程,在这个过程中父母要付出很多,虽然有很多艰辛,但也会收获很多快乐。所以成长是艰辛的,也是快乐的。我们陪伴孩子成长的同时,自己也是在成长。每个孩子都不一样,遇到的问题也不尽相同,没有固定的模式和方法让我们套用,做好大人该做的,孩子自己就会效仿。这样说教育孩子似乎又很简单,只要做好自己,做好榜样。

自私的代价

这两个小女孩可真是不同。一个既勤劳又美丽，一个既丑陋又懒惰，只因丑陋、懒惰的女孩是自己亲生的，老婆婆便对她呵护备至，而对那个勤劳而又美丽的继女格外坏。

这样的老婆婆真是偏心。她把家里几乎所有的活都交给了老公公的女儿，即便这样，她仍然对那美丽的女孩不满意。看来，这美丽的女孩在家中的处境真是艰难呀。

有一天，老婆婆对老公公说："亲爱的夫君，你的女儿可真是不听话，我看还是让她走吧。"憨厚的老公公居然相信了老婆婆说的话。可怜的女孩就这样被赶出了家门。

可怜的孩子只好含着眼泪,离开了家。她沿着一条路走啊走,看见了一只生病的小狗。

小狗可怜巴巴地说:"美丽的女孩,我需要你的照顾,我一定会报答你的。"

于是,美丽的女孩特别精心地照料他。

走着走着,女孩来到一棵梨树下。

"美丽的女孩,请帮我摘掉这些毛毛虫吧,日后我一定会报答你的。"梨树说道。女孩听完便开始摘了起来。梨树欢喜极了。

照顾好了生病的小狗、长满毛毛虫的梨树,女孩继续向前走去。上帝究竟将她引到了何处,还未可知呢。

后来,女孩来到了森林中的一个小屋中,小屋的主人是一位老妇人。

"美丽的姑娘,你怎会来到这样遥远的地方?"老妇人问道。

"父亲和继母将我赶出家门,这或许就是上帝的指引吧。"小女孩说道。

"你既然来了,可愿意帮我一个忙?"老妇人问道。

"如果有幸能帮助到您,那真是好极了。"小女孩说道。

"那就请你留下来,给我的孩子们洗洗澡吧。"说完,老妇人就出去了。

"出来吧,可爱的精灵们。"小女孩说道。这时,成群的龙和各种各样的小动物向小女孩走来。女孩仔细地给他们洗了澡。

"美丽的姑娘,感谢你对我的孩子们的照顾,现在你可以回家了,不过在你回家之前,我要送你一个礼物,那边有好多箱子,去挑一个你喜欢的吧。"老妇人说道。"不过箱子要等你到家才能打开。"老妇人嘱咐道。

在路上，小女孩再次遇到了那只小狗，不过现在那只狗漂亮极了，脖子上戴着一串闪闪发光的金项链，看到小女孩，小狗高兴地说："感谢你曾经对我的照顾，这金项链就请你拿去吧。"女孩拿着金项链继续向前走着。

这时，一棵梨树向女孩招手："美丽的姑娘，请你过来看看我，你瞧，我结出的梨子多好，梨把树枝压低了，快摘下来解渴吧。"

终于，小女孩回到了家。望着女儿，父亲问道："亲爱的女儿，你究竟去了哪里？这箱子是从哪里来的？"于是，小女孩便将自己的经历一一说给父亲。说完，小女孩打开箱子，只见，成群的牛、马、绵羊、山羊跳了出来。小女孩和父亲欢喜极了。

看到老公公的女儿带回的礼物，老婆婆和她的女儿十分嫉妒。

"亲爱的妈妈,您也让我出去吧,我要找到比这更好的东西。"老婆婆的女儿说道。

"那你就去吧,不过这可是你第一次离开我,亲爱的孩子,路上小心。"老婆婆说道。

老婆婆的女儿出了门。她也遇到了那只生病的狗还有那棵长满毛毛虫的梨树,可她究竟是怎样对待他们的呢?她看也不看他们一眼,径直朝着小屋走去。

这个女孩真是自私,她到这里来的目的再简单不过了。上帝会使她实现愿望吗?我想上帝一定不会答应她的,自私的人恐怕只会遭到上帝的惩罚。这对她而言可真是好极了。

当她到了老妇人那里时,竟还是那么乖僻、无礼和愚蠢。老妇人也让她给她的孩子们洗澡,可她对待那些小精灵冷漠极了,她将那些小精灵放在极热的水中,使它们不舒服。

老妇人回来看到小精灵们痛苦的表情,什么也没有说,让她也选一个自己喜欢的箱子。可她呢,不管不顾,拿了箱子就走。

路上她再次看到了那只小狗,狗儿戴着金项链,她不仅没有得到金项链还被小狗咬伤了手指。梨树见到她,不仅没有招手,反而故意长高了许多,她很渴,却只能眼巴巴地瞅着。

这个又丑又懒的姑娘终于回到了家。她迫不及待地打开箱子,一大群龙跳了出来,扑向她们,一眨眼工夫就把她们两人吃掉了,顿时龙和箱子也不见了。从此,老公公和女儿过上了幸福的生活。

不久后,老公公对他的女儿说道:"亲爱的女儿,你是多么美丽又勤劳的人啊,上帝会让你得到幸福的。"

美丽的女孩听后竟有些害羞了。

一天，一个帅气的小伙子路过小女孩的家，一眼就相中了女孩。老公公说："瞧，他是多么忠实、可靠的小伙子，他一定会给你带来幸福，你们在一起再合适不过了。"

老公公的女儿很赞同父亲的说法，决定嫁给小伙子。

不久后，那忠实、可靠的小伙子便和老公公的女儿举行了盛大的婚礼。从此他们过上了幸福的生活。

和爸爸、妈妈一起分享

　　故事讲的是：老婆婆的女儿不愿帮助他人，上帝惩罚了她，因为老公公的女儿有一颗仁爱的心，上帝让她过上了幸福的生活。我记得，有人曾说过，"天堂和地狱的区别并没有我们想象的那么大。我们生活的每一天都要面临着天堂和地狱的选择。当我们在生活中选择和别人和睦相处、互相帮助、互相合作时，我们的生活就变成了天堂，否则当我们选择自私、贪婪、独占时，我们的生活就变成了地狱。"看来这世间的一切，上帝是看得见的。

　　　　　　山东省威海市硕硕妈妈　耿明慧

小朋友，关于这个故事你有什么话要说，写到下面吧！

_____
_____
_____
_____

轻松一下 Game

字的由来

★ 传说最早是没有汉字的,人们就靠结绳记事。

遇到大的事情就结一个大的结,遇到小事情就结一个小的结,连续发生的事情就会一连打结。有时候事情太复杂,没办法打结;有时候时间长了,打结还是记不住到底是什么事情。

★ 当时仓颉是管理这项事物的,他看到这种情况很困惑。

他冥思苦想怎么才能有个好办法将这些事情记下来呢?怎么才能持续的时间长些呢?

有一天,仓颉看见天上飞来一只凤凰,嘴里叼着一件东西掉下来,仓颉捡起来,看到上面有一个蹄印,可辨认不出是哪种野兽的蹄印。于是,他就向一位猎人请教。各种兽类的蹄印各不相同,打猎的人一看便知,此事对仓颉启发很大,后来,他根据万事万物不同的特征,创造出了"字"。

★ "仓颉造字"的传说是不是很神奇？

其实汉字的诞生并非一人一手之功，是先民长期累积发展的结果。

近代考古发现了3600多年前商朝的甲骨文、约4000年前至7000年前的陶文、约7000年前至10000年前的龟骨契刻符号。

"仓颉造字"的传说说明仓颉应当是在汉字发展中具有特别重大贡献的人物，他可能是整理汉字的集大成者。

梅格和劳拉

雨正在下着,几个小女孩仍然舍不得离开。

"要是这雨能停下来,那该有多好。"一个女孩说。

只见劳拉轻轻地一拍手,雨便停了。

"天哪!劳拉,你竟能让雨停下。"另一个小女孩惊奇地说。

劳拉说:"这多亏了我的项链。"

"如此神奇的项链,一定有特殊的来历吧?"一个小女孩问道。

"有一天,北风先生挂在了花园里的树上,我父亲救了他,北风先生感激我父亲,便做了我的教父,这项链是我教父送我的生日礼物。"

"劳拉,你真是个幸运的人。"一个小女孩羡慕地说。

"要是劳拉的项链在我手中就好了。"一个叫梅格的女孩心想。她心中对劳拉充满了嫉妒。

这位北风先生留着长长的金发,胡子花白,穿一件灰色外套。他送给劳拉的项链最初只有三颗雨滴,但每年劳拉过生日的时候,北风先生都会带来一颗雨滴作为礼物。到了今年,劳拉项链上的雨滴已经有九颗了,再有一颗,只要劳拉用鼻子对着天空喷气,天就可以

下雨了。

　　因为劳拉总能满足同学们不下雨的要求,所以大家都非常喜欢她。梅格更妒忌了,于是她把劳拉戴项链的事告诉了老师。老师找到劳拉说:"学校不允许学生戴项链。"劳拉听了,只好把项链交给老师,可是老师放项链的地方被梅格看到了,她悄悄地偷走了项链。

　　梅格将项链藏起来,每次下雨她都会偷偷地取出项链,拍拍手,希望雨能停下来,但无论

她怎样做,雨都不会停下来。

"这项链真是无聊极了,我看还是丢掉它算了。"梅格生气地说。梅格的父亲看到了项链,心想:"这样的东西我还从未见过呢,要是把它卖给商人,我会赚一大笔钱。"

于是,项链就这样到了一位阿拉伯商人的手中。阿拉伯公主见到项链后非常喜欢,商人便将项链送给了她。

这一切被一只小老鼠看在了眼里。"我要把事情的真相告诉劳拉,她是一个多么善良的女孩。"小老鼠心想。

"这可怎么办好,北风先生如果知道我把项链弄丢了,一定会很伤心,我真是对不起他呀。"丢了项链的劳拉每天都难过极了。

一天,劳拉正在在海边散步,那只小老鼠找到了她,对她说:"美丽的劳拉,你是在为项链的事烦恼吧?你那么善良,或许我可以帮你,项链已经到了阿拉伯公主的手中。"

"阿拉伯,一个多么遥远的地方,我要怎样才能去呢?"劳拉叹息道。

"美丽的劳拉,你别发愁,你曾给过我那么多好吃的,现在到了我报答你的时候了,我愿意为你效劳,请你骑到我的背上。"海里的一只海豚游过来说。

天空中的一只小鸟听到他们的对话,飞过来问:"你们这是要去哪里?"

劳拉说:"我们要去遥远的阿拉伯。"

"原来是这样,就请让我为你们带路吧。"小鸟儿说。于是小鸟在前面飞着,海豚驮着劳拉游过了大海,来到了阿拉伯。

阿拉伯公主很早就来到了花园,她兴奋地打开她收到的盒子,里面有很多礼物,劳拉的项链也在其中。

看到自己的项链,劳拉跑了过来,对公主说:"尊敬的公主,那个雨滴项链是我的。"

公主问:"你怎么知道是你的?"

"它是我的教父北风先生送给我的,我才是它真正的主人。"

"你说的那位北风先生,我可不认识,我是从一位商人手中得来的,怎会是你的?"公主惊奇地说。

"如果你不信,就请听我说好了,戴着它我站在雨中不会被淋湿,风暴伤不到我,并且等我的教父北风先生送来第十滴雨滴,我用鼻子对着天空喷气,天就会下雨。"劳拉说道。

"你的教父北方先生什么时候会来?"

"今天是我的生日,北风会来找我的。"

"那看来,这项链的确是你的,我真是没有想到这项链竟会如此神奇。"公主说道。

这时北风先生飞来了。他看见项链戴在公主的脖子上，就生气地把手中的雨滴摔在地上，飞走了。

劳拉哭了起来，心想教父一定生气了。

"项链还给你吧。"公主把项链递给劳拉。就在那一刻，劳拉的一滴眼泪恰好落在项链上与另外九颗雨滴排在一起，变成了十颗雨滴。劳拉用鼻子一喷气，天空马上就下起雨来。

国王高兴极了，因为他们国家已经一年没下雨了。国王说："美丽的劳拉，遇到你，我们国家真是交上了好运，我对我们下一次见面很是期待。真是不知道究竟送你些什么样的礼物好呢？"

"尊敬的国王，如果您真的要感谢我的话，就请您用一艘好船送我们回到我们的国家吧。"

于是国王用船将劳拉和小老鼠送回了自己的国家。

小老鼠找到北风先生，告诉他是梅格偷走

了项链。于是北风就吹掉了她家的屋顶,让雨落进去,梅格被泡在水里了。

现在看来梅格真是可怜极了,心里一时的妒忌使她遭受了如此严重的后果,这恐怕是她所未曾想到的。

要是她能够懂得那项链上的雨滴源于一颗充满爱的心,而非用于一时的攀比,那梅格也一定会过得很幸福。

再看看劳拉吧,项链重新回到了她的手中,海豚、小鸟和她成了朋友,劳拉过得很开心。

和爸爸、妈妈一起分享

孩子的快乐如此简单

睡前,女儿缠着我给她讲故事,说实话我真不会讲故事,也没什么好讲的,我记得一个做编辑的同学曾经给我推荐了好多个小故事。我打开电脑,终于找到了。有点小遗憾是这本书还没有出版,所以只能在电脑中给女儿阅读了。

好久没有这样阅读了,很多字都觉得似曾相识,但又有点不确定。平时工作很少接触这些文字,即使接触也很少去动笔写。偶尔的一个小举动,换来女儿如此的开心,总觉得我这个做爸爸的有点不称职。这样一个简单的事情,我却从来没有做过。

哈尔滨市陈润熙爸爸　陈庆忠

小朋友,关于这个故事你有什么话要说,写到下面吧!